LE CRI

DE LA VERITÉ

CONTRE

LA SEDUCTION

DU SIÉCLE,

LE CRI
DE LA VÉRITÉ
CONTRE
LA SÉDUCTION
DU SIÈCLE.

LE CRI
DE LA VÉRITÉ
CONTRE
LA SÉDUCTION
DU SIÉCLE,

Par l'Auteur de la Conversation avec soi-même.

Redimite tempus, quoniam dies mali sunt. *S. P.*

A PARIS,

Chez N Y O N, Libraire, Quai des Augustins, près du Pont Saint Michel, à l'Occasion.

M. DCC. LXV.

Avec Aprobation, & Privilége du Roi.

LETTRE

DE SON EMINENCE

MGR LE CARDINAL TORRIGIANI, Miniſtre & Secrétaire d'Etat, au Marquis CARACCIOLI, de la part de N. T. S. Pere le Pape Clément XIII.

ILLUSTRISSIMO SIGNORE.

UNITAMENTE colla Lettera di V.S. Illustrissima, il sig. Conte Garampi ha presentato à nostro Signore cinque volumi delle sue opere; Sua Santità, che conserva una distinta memoria di lei, ed una vantagiosa opinione non meno della sua capacità, che del suo zelo, gli ha accolti con particolar gradimento, e non omette di leggergli in quegl'intervalli di tempo che le lasciano liberi, le gravi cure dell' Apostolato.

Si consola frattanto di vederla si lodevolmente occupata in istudj fruttuosi alla Religione, tanto maltrattata ai giorni nostri da quei medesimi che fanno pompa di scienza e d'erudizione; ed affinchè ella prosegua ad impiegare il suo talento con pari fervore e successo, gl' invia l'Apostolica sua Benedizione. Io poi, che per ragione del mio Ministero ho l'incombenza di riferire a V.S. Illustrissima i sentimenti di Sua Beatitudine, ho altresì il piacere d'assicurarla de' miei proprj, pieni di stima del suo merito, e della più affettuosa disposizione a servirla; colla sincerità de' quali resto.

di *V.* Signoria Illustrissima.

Roma 17 Agosto 176.3

Affezionatissimo per servirla Cardinale TORRIGIANI.

(Il Sig. Marchese Caraccioli, Parigi.)

MONSIEUR,

M. le Comte Garampi ayant presenté à notre Saint Pere votre Lettre & cinq Volumes de vos Ouvrages ; Sa S.S. qui se souvient parfaitement de vous avoir vu , & qui conserve une opinion très-avantageuse de votre capacité , & de votre zéle, les a reçus avec un plaisir singulier , & elle ne manque pas de les lire dans les momens où elle n'est pas employée aux fonctions de son Apostolat.

Sa Sainteté outre cela a une vraie consolation de vous voir apliqué d'une maniére si louable à des études utiles à la Religion , tant maltraitée de nos jours par ces esprits qui font parade de science & d'érudition ; & afin que vous continuyez à employer vos talens avec le même succès & la même ardeur, Elle vous envoie sa Bénédiction Apostolique. Quant à moi , qui suis chargé de vous faire part des sentimens de notre T. S. Pere, je me réjouisde pouvoir vous assurer des miens propres , qui sont remplis d'estime pour votre mérite , & de l'inclination la plus forte à vous obliger , & avec lesquels je suis , MONSIEUR,

A Rome ce 17   Votre très-affectionné, &c.
Août 1763.   le Cardinal TORRIGIANI.

(Le Marquis Caraccioli à Paris.)

LA nuova Opera da lei data alla stampa, l'ho ricevuta coll'ultimo corriere di Francia, unica al suo compitissimo foglio degli 15 del passato Maggio: nel tempo stesso, che mi congratulo del felice esito di questa sua composizione approvata e gradita ugualmente che le precedenti, l'accerto che la famiglia Caraccioli reputerà suo decoro al'Autore di libri sì proficui, di soggetti tanto maestosi.

Per ultimo, rendendole le dovute grazie per il riflesso gentile, che ha favorito usar meco, lo prego a rimaner persuaso, che gratissimi sempre mi saranno non meno gli suoi avanzamenti, che le opportunità di contestarle la stima e premura di cooperare agli medesimi, per quel che potrà dipendere dal canto mio; e distintamente mi ratifico.

di lei, SIGNOR MIO STIMATISSIMO,

Servidore G. C. Cardinale CARACCIOLI *di Santo Bono.*

Roma 9 Giugno 1762.

(Il Signor Marchese Caraccioli, Paragi.)

LETTRE de S. E. Monseigneur le Cardinal CARACCIOLI.

MONSIEUR,

J'AI reçu par le dernier Courier de France le nouvel Ouvrage que vous venez de donner au Public, avec votre Lettre en date du 15 Mai : en même-tems que je me félicite de l'heureux succès de ce Livre, aussi bien & aussi universellement accueilli que les précédens, je vous assure que la Famille Caraccioli regardera comme un des titres qu'il honorent, l'Auteur de tous ces Ouvrages, dont l'utilité répond à l'importance des matiéres.

Du reste en vous remerciant, comme je le dois, de votre politesse, je vous prie d'être persuadé que je serai toujours aussi flatté de votre avancement, qu'empressé à y contribuer en tout ce qui pourra dépendre de moi, & à chercher l'occasion de vous prouver mon estime ; c'est dans ces sentimens, que je vous proteste être d'une maniére distinguée,

MONSIEUR,

Votre Serviteur, Jean Constance Cardinal CARACCIOLI de Santo Bono.

A Rome ce 9 Juin 1762.

(Le Marquis Caraccioli, à Paris.)

a IV

OUVRAGES

De M. le Marquis CARACCIOLI.

La Jouiſſance de Soi-même. 2 10
La Converſation avec Soi-
    même. 2 10
Le Tableau de la Mort. 2 10
Le Véritable Mentor. 2 10
Les Caractéres de l'Amitié. 2
L'Univers Enigmatique. 2
La Grandeur d'Ame. 2 l. 10 £.
De la Gaieté. 2 10
Le Langage de la Raiſon. 2 10
Le Langage de la Religion. 2 10
Le Cri de la Vérité contre
    la ſéduction du Siécle. 2 10

PREFACE.

SI l'on obſerve que cet Ouvrage eſt à la portée de tout le monde, & qu'il ne contient rien de neuf, c'eſt que la Religion eſt faite pour tout le monde, & que ſes preuves ne dépendent ni de la nouveauté d'une penſée, ni de la ſubtilité d'un argument. Il ſeroit ſans doute bien étonnant de ne voir éclôre qu'au dix-huitiéme ſiécle, des raiſons propres à nous convaincre des vérités du Chriſtianiſme. Les meilleurs Apologiſtes de la Religion ne font que répéter ce que les Peres de l'Egliſe ont écrit.

Il y a un tel enchaînement dans tout ce qui concerne la Morale & les Dogmes, qu'il eſt même impoſſible d'en parler long-tems ſans employer quelques répétitions. Ainſi *les Converſations Chrétiennes de Mallebranche* ne font que l'abregé d'un autre Ouvrage connu ſous le nom de *Méditations*; ainſi *l'Explication des Epîtres & des Evangiles par Nicole,* retrace *ſes Eſſais de Morale* ; ainsi presque tous les Livres qui traitent des devoirs de l'homme à l'égard de Dieu & du prochain, ne diffèrent les uns des autres que par la maniére dont ils sont écrits.

Cela n'empêche pas qu'un Auteur chrétien ne doive insister sur les vérités de la Religion, parce que ces vérités sont d'une telle importance, qu'on ne peut trop les retracer. D'ailleurs des personnes souvent insensibles à la lecture d'un ouvrage connu, se réveillent lorsqu'un nouveau Livre paroît ; & ce qui n'est peut-être qu'un effet de la curiosité, devient par la suite un moyen d'instruction & de sanctification.

Mais combien d'autres raisons, outre ces motifs, ne doivent-elles pas engager les sages Ecrivains à soutenir les intérêts de la Religion : nous touchons à ces tems prédits par l'Apôtre, où le mystére d'iniquité commence à se former ; & si les Incrédules emploient tout leur esprit & tout leur artifice à outrager la vérité, nous devons la défendre de toutes nos forces. Plus nous avançons, plus les jours deviennent mauvais,

dies mali funt, S. Paul. La féduction
fe répand de la Capitale, dans les Pro-
vinces, & il n'y a plus que les bons
Livres qui puiffent prémunir contre
ces malheurs. Dieu veuille que cet
Ouvrage ait un pareil fuccès!

Toutes les réfléxions qu'il contient
font capables, non d'éclairer un Incrédule obftiné, mais de confirmer une
ame droite dans les bons fentimens,
& de la garantir de la perverfion. Les
Peres les pourront faire lire à leurs
Enfans, les Maîtres à leurs Ecoliers,
comme des leçons propres à leur découvrir le ridicule & le danger de ces
malheureufes brochures qui circulent
de toutes parts.

J'ai recueilli toutes les grandes vérités qui forment la foi du Chrétien ;
& j'ofe efpérer qu'elles exciteront de
la compaffion pour les Incrédules, &
une véritable horreur pour leurs maximes. J'adreffe la parole à mon Lecteur,
ayant choifi cette Méthode comme
un moyen plus propre à fixer fon attention.

Si je n'ai point ici traité la queftion
de l'incompatibilité de l'irreligion avec

la probité, question qui paroissoit devoir faire partie de cet Ouvrage, c'est que je me dispose à donner incessamment un autre Livre qui aura pour titre, *la Religion de l'honnête Homme.* Il m'a semblé que cette matiére qu'on peut apeller le retranchement des Esprits forts, méritoit d'être aprofondie.

Je ne me reprocherai point d'avoir trop écrit, tant que je verrai mes foibles productions favorablement accueillies du Public, & réimprimées en plusieurs endroits, presqu'aussi-tôt qu'elles paroissent; & tant que je travaillerai à inspirer l'amour de la Religion : mais quand je n'aurois fait imprimer qu'une seule ligne, dont l'Eglise & l'Etat ou le moindre Particulier pussent se plaindre, je croirois sans doute avoir trop écrit.

Je n'insiste plus sur cet article, d'autant mieux que notre Saint Pere, en daignant m'inviter à continuer d'écrire, comme j'ai fait jusqu'ici, & comme on vient d'en voir la preuve, me donne une mission qui m'oblige à ne point interrompre mes foibles travaux. S'ils ne plaisent pas à tout le monde,

combien n'en suis - je pas dédommagé
par le suffrage du Chef même de l'E-
glise, dont l'aprobation est un des plus
glorieux monumens.

LE CRI

LE CRI DE LA VERITÉ

CONTRE

LA SÉDUCTION DU SIECLE.

CHAPITRE PREMIER.

Des raports de l'Homme avec Dieu.

O HOMME, tel que vous soyez, noble ou artisan, riche ou pauvre, docte ou ignorant, Ecclésiastique ou Séculier, Religieux ou Militaire, Souverain ou Sujet, descendez en vous-même, & dans un silence que rien ne puisse interrompre, réfléchissez sur les horreurs du néant qui précédérent votre conception.

A

Comment du rien avez-vous passé à l'être ? Comment êtes-vous devenu tout à coup esprit & corps, c'est-à-dire, l'assemblage de deux substances dont l'union paroît incompatible, & dont l'action est un prodige continuel ?

Ce ne furent ni vos peres ni vos meres qui arrangérent vos muscles, qui liquefiérent votre sang, qui consolidérent vos os. Une intelligence Suprême, supérieure à toutes les Puissances de la Terre, supérieure à toutes vos idées, voulut, & vous commençâtes à éxister, & vous vous acrûtes. Eh ! quelle est cette Intelligence ? eh ! que peut-elle être, sinon le Moteur universel, sinon le principe de tout ce qui végéte & respire, sinon cet Etre infini que nous apellons *Dieu* ? Sa main vous ébauchoit dans un tems où vous ne pouviez le connoître, & elle vous soutient dans un siécle où l'on se fait gloire de l'outrager. Mais si vous n'étiez pas hier, si peut-être dès ce soir vous ne serez plus, devez-vous passer le jour qui coule sans penser à cet Etre Créateur & Conservateur, sans le remercier & sans l'adorer ?

Il n'y a rien en vous, & hors vous,
qui ne foit fon ouvrage. Cet Univers
que vous avez trouvé tout formé, ces
Aftres qui vous éclairent, ces plantes
& ces animaux qui vous nourriffent ;
en un mot, tant de créatures toujours
prêtes à fatisfaire à tous vos befoins,
n'ont fans doute pu fe procurer le merveilleux bienfait de l'éxiftence ? Et
puifqu'elles n'éxiftent que pour vous,
à quelles actions de graces, & à quelle
reconnoiffance n'êtes-vous pas obligé ?

Qui de nous pourroit ordonner au
moindre vent de ne pas fouffler, à la
moindre mouche de ne pas voler, aux
moindres atômes de ne pas fe mouvoir ?
Hélas ! foibles, impuiffans, nous n'a-
vons nous-mêmes qu'une éxiftence em-
pruntée, & nous n'agiffons que dans
celui qui donne le mouvement & la
vie. Notre génération a commencé,
ainfi que toutes celles qui l'ont précédée ; & conféquemment il faut reconnoître un principe de production
qui n'ayant pu être créé, ni fe créer
lui-même, a dû néceffairement éxifter
avant tous les tems. Comment pouvoir
fupofer un inftant où Dieu n'eût pas
été Dieu, un inftant où l'Etre des

êtres, le seul Nécessaire, le seul Tout-
Puissant, le seul Universel, eût pu
manquer de ces qualités aussi essentiel-
les que suréminentes ?

En vain Epicure osa nous dire que
l'Univers n'est qu'un concours fortuit
d'atômes, en vain Spinosa ne reconnut
point d'autre Divinité qu'une séve
répandue dans tous les corps ; nous
leur répondons : qui a formé les atômes ? Eh ! que sera-ce qu'un Dieu sans
intelligence, éxistant également dans
la pierre comme dans l'homme, un
Dieu qui se divisera, qui se multi-
pliera, & dont on pourra dire que les
parcelles sont plus ou moins volumineuses à proportion de la grosseur, ou
de la petitesse des corps ?

Ah ! vous sentez que si le monde a
été créé, il éxiste nécessairement un
Créateur ; & que si on le supose éternel, on ne gage rien à contester l'é-
ternité d'un Dieu. C'est ainsi qu'avec
les raisonnemens les plus simples, on
démonte tout le pompeux échaffaudage
de l'incrédulité, & qu'on vient à bout
de convaincre tout homme qui veut
penser, que l'action du Souverain Etre
ne peut être absolument méconnue.

Allons plus loin , & dites-moi où l'Ame, cette portion de vous-même, si excellente , si sublime, si active, si pénétrante , auroit-elle puisé les idées de l'infini , les desirs de l'immortalité, s'il n'éxistoit réellement une substance éternelle & infinie, d'où dérivent vos sentimens & vos perceptions? Votre esprit ne va-t'il pas toujours au-delà de tout ce que l'imagination peut étendre & multiplier ? Rien de plus petit que l'homme en comparaison des corps immenses qui le dominent & qui l'environnent , & néanmoins ce même homme si resserré en aparence, si éxigu , trouve en lui seul des espacés plus grands que l'Univers.

Combien de fois ne vous êtes-vous pas élevé dans des régions inaccessibles aux sens, & n'avez-vous pas conçu dans votre idée de nouvelles terres & de nouveaux Cieux. Cependant au milieu de ces sublimes écarts, qui annonçoient toute la grandeur de votre ame, toute sa fécondité , vous avez toujours senti qu'il étoit quelque chose de supérieur à vous, quelque chose que vous ne pouviez comprendre malgré toute l'étendue de vos recherches , & malgré toute la capacité de votre génie.

Interrogez vos Peres, interrogez les différens Peuples, & tous vous diront qu'ils ont éprouvé les mêmes impresfions, quoique d'une maniére plus ou moins distincte; & qu'enfin l'idée d'une Toute-Puissance éternelle & absolue, n'est ni factice, ni arbitraire, mais un fentiment naturel qu'il nous feroit impossible d'anéantir. Je sçais qu'on n'est pas communément de cet avis, parce qu'il n'est plus à la mode; mais la vérité ne dépend ni de la multitude, ni des modes.

Les Payens, qui n'eurent pas d'autres lumiéres que la raison, s'élevérent contre la pluralité des Dieux; & Socrate & Cicéron en rendant hommage à l'Etre des êtres, en le reclamant comme leur espérance & leur foutien, ont apris à tous les siécles, que l'homme n'avoit befoin que de lui-même, ou plutôt que des connoissances que le Créateur lui a départies, pour s'avouer enfant d'une Intelligence infinie, à qui rien ne coûte, & qui est fouverainement heureufe.

Où étiez-vous lorfque ce Divin Créateur évoquoit le monde du fein même du néant , lorsqu'il affermissoit les fondemens de la terre , lorsqu'il faisoit clater dans la structure des Cieux son pouvoir & sa magnificence ? Renfermé alors dans ses adorables décrets, il vous avoit en vue ; que dis-je, il vous voyoit déja organisé , déja animé ; car Etre sans succession , il n'éprouve ni les révolutions de l'avenir, ni celles du passé, tout est découvert à ses yeux.

Quel abyme que les grandeurs de ce Dieu ! On sent tout ce qu'il doit être , & on ne peut dire ce qu'il est ; on se perd à la vue de ses merveilles, & on ne se retrouve qu'en y pensant. Quelle distance de nous à lui : il est au milieu de nous ! Son repos est notre mouvement & notre vie , & son empire notre liberté. Par-tout il se manifeste, & par-tout il ne paroît point. Il nous posséde , & nous le possédons ; il nous bénit , & nous le bénissons.

Qui pourra s'élever jusqu'à la lumiére qu'il habite ! Qui pourra seulement comprendre ses ouvrages ! ce Soleil , éloigné de la terre d'environ trentecinq millions de lieues ; ces Etoiles , qu'un boulet de canon, malgré sa vîteffe , ne pourroit atteindre qu'après vingt-fept à vingt-huit millions de fois vingt-cinq ans ; cette Terre , dont le mouvement journalier autour du Soleil monte à plus de fix cens mille lieues dans une heure , quatre cens feize en une minute ; ces mers , dont le moindre gouffre excite tout l'étonnement , & où la Majefté du Tout-puiffant fe peint à nos yeux juftement effrayés.

» Tels font les effets de la volonté » de ce Dieu ; & de même qu'il eft » le Souverain, le principe & la fin de » toutes chofes , il en eft le centre , » la circonférence & la plénitude. Lui » feul eft fans nom , & au-deffus de » tout nom ; lui feul eft tout , & au-» delà de tout ; lui feul eft bon fans » qualité , grand fans quantité , im-» menfe fans étendue , préfent par-tout » & fans aucun lieu.

» Il éxifte en foi , & ne dépend que » de foi. Son Trône eft lui-même , » & là il vit dans le repos de fon effen-» ce , dans l'abyme de fes grandeurs , » dans l'unité de fon amour , dans la » fplendeur de fa gloire. S'il fe con-» temple , ce n'eft que fécondité ; s'il » fe manifefte , ce n'eft que Majefté ;

» s'il parle, ce n'est que vérité ; s'il
» commande, ce n'est qu'équité. Il crée
» l'Ange, qu'il place dans le Ciel, &
» l'Homme sur la Terre, afin d'avoir
» des Adorateurs dans tous les lieux
» où sa gloire éclate.

Telles sont les leçons que votre ame
vous donnera sur la Divinité, quand
vous sçaurez l'interroger. Elle vous fera
connoître que vous ne pouvez ni agir,
ni penser que par sa médiation ; que
c'est ce Dieu, dont les voies sont vraiment
incompréhensibles, qui délie
votre langue toutes les fois que vous
parlez, qui ouvre vos oreilles toutes
les fois que vous écoutez, qui remue
vos pieds toutes les fois que vous marchez,
& qui donne actuellement à vos
yeux la faculté de voir ces lignes, & de
les parcourir.

Eh ! comment feriez-vous, s'il
vous falloit seulement remuer votre
bras sans le secours de Dieu ? Quelle
étude cette opération n'éxigeroit-elle
pas, pour sçavoir quel muscle & quel
nerf vous devriez tirer ; & comment,
outre cela, votre ame toute spirituelle,
c'est-à-dire, inalliable avec des cartilages,
du sang & des os, pourroit

elle en venir à bout? C'est donc le
Créateur qui s'est engagé, par les Loix
qu'il a établies, à seconder vos desirs,
toutes les fois que vous desirerez agir;
autrement il en seroit de votre corps
ainsi que d'un automate, qu'on ne
peut mettre en mouvement sans en
connoître tous les ressorts & sans les
faire jouer.

C'est ainsi que votre ame & votre
corps concourent également à vous
instruire de la presence & de l'action
de Dieu; c'est ainsi qu'on devient attentif à des impressions si merveilleuses, à
moins qu'on n'écoute les faux Sages du
siécle, qui à force de vouloir montrer
de l'esprit, ne laissent entrevoir qu'une
stupide insensibilité.

Semblables à ces Idoles dont parle
l'Ecriture, vous avez des yeux & vous
ne voyez point, des oreilles & vous
n'entendez point, si vous croyez l'univers éxistant sans Dieu, ou ce qui est
la même chose, sans le secours de son
action. Ah! si cela étoit, comment
pourriez-vous vivre tranquilles? Il n'y
a que l'idée d'un Etre tout-puissant &
bienfaisant qui puissent rassurer l'homme Philosophe contre les périls de

toute espéce dont nous sommes environnés ; il n'y a qu'elle qui puisse nous engager à suporter nos maux avec résignation & avec espérance, qui puisse calmer nos douleurs & nous élever au-dessus des horreurs de la mort ; en effet, si tout étoit hazard, le Soleil ne seroit-il pas dans le cas de pouvoir s'écarter à tout instant de sa route ordinaire, d'embraser la terre, & de confondre tout cet Univers ?

Quand vous sçavez que vous n'éxistez qu'en Dieu, & pour Dieu, alors combien votre éxistence ne vous devient-elle pas précieuse ; alors vous n'êtes plus arrêté par les bornes du present, mais vous percez dans l'avenir, & l'énigme de l'Univers se dévelope à vos yeux ; alors vous suportez tous vos chagrins, tous les revers, que dis-je, vous les aimez comme une introduction au vrai bonheur ; alors vous méprisez la figure de ce monde, & vous ne vous trouvez ni pauvre, ni isolé ; alors vous vous répandez dans l'immensité même de celui que vous invoquez & que vous adorez, & vous vous sentez réellement caché dans son sein.

Quelle différence entre cet état, &

celui des incrédules, qui, diftraits fûr leurs devoirs, diftraits fur eux-mêmes, ne vivent qu'au hazard, & fe regardent comme l'ouvrage d'une certaine fatalité qu'ils ne peuvent ni définir, ni concevoir. Leur ame mife au rang des paffions, leurs idées dans la claffe des fenfations, ils ne fe croyent deftinés que pour voir & pour fentir. Nulle efpérance pour eux au-delà de cette vie, nulle confolation dans celle-ci que les accès d'une volupté meurtriére, à laquelle ils ne fe livrent qu'en s'épuifant, & qui abforbant toutes leurs réfléxions, les laiffe en proie aux plus mauvais defirs.

En vain la terre & les cieux nous offrent un ordre invariable qui charme l'homme attentif, & qui l'éléve jufqu'à l'Etre Créateur, il n'y a que confufion aux yeux de l'incrédule. Identifiant le monde avec la Divinité, s'identifiant lui-même avec la matiére, il ne fçait ni ce qu'il eft, ni comment il éxifte, ni ce qu'il deviendra. Ainfi marche un homme ivre lorfque s'écartant à droite & à gauche, il ne peut dire ni où il fe trouve, ni là où il va.

Mais fi Dieu eft un Etre vraiment apathique qui ne s'intéreffe ni à nos biens, ni à nos maux, pourquoi a-t'il créé cette terre pour notre ufage? Pourquoi a-t'il divifé le jour d'avec la nuit pour affigner le tems du repos, & du travail? Pourquoi nous a-t'il rendu maîtres des animaux & les a-t'il affujettis à nous fervir? Pourquoi a-t'il diftribué les eaux avec une fageffe admirable, de forte que chaque pays a fes fleuves & fes fontaines? Pourquoi a-t'il différencié tous nos vifages, de maniére à éviter toute méprife & toute confufion? Pourquoi prend-il foin de perpétuer le monde avec une attention merveilleufe, en formant lui-même les deux fexes, dont on ne peut attribuer la différence aux caufes fecondes? Pourquoi nous a-t'il donné l'idée de lui-même & de fes opérations; de maniére à ne pouvoir l'oublier qu'en étouffant la voix de notre raifon? Ah, n'en doutez pas, un Dieu indifférent ne feroit fûrement pas de tels prodiges pour des créatures qu'il ne daigneroit pas envifager.

Je fçais qu'à confidérer l'homme extérieurement depuis fon berceau

jusqu'à son tombeau, on n'aperçoit au-
dehors que des besoins, des foiblesses,
& des passions qui semblent le réduire
à la qualité même des bêtes ; mais
réfléchissez, & bien-tôt vous aperce-
vrez une vie toute spirituelle qui s'é-
léve sur les débris de cette vie animale, & qui rend l'homme une créature presque céleste. Notre corps n'est,
si l'on peut parler ainsi, que le piedes-
tal de notre ame, & elle ne se sert de
ses mouvemens que pour seconder ici
bas ses opérations, que pour interpréter
ses volontés.

En vain la Philosophie moderne a
combattu ces éternelles vérités ; le sens
intime ne cesse de les reclamer : & ce
sens intime, quoi qu'en disent nos
beaux-esprits, éxiste dans l'esprit des
Sauvages les plus féroces en aparence,
& je n'ai vu personne qui les ait éxa-
minées, & interrogées, dont le témoignage ne soit la preuve de ce que j'a-
vance ; d'où vous devez conclure qu'il
n'y a que l'abrutissement excité par la
débauche, ou l'endurcissement qui en
est presque la suite, qui puisse faire
oublier nos raports intérieurs & exté-

rieurs avec la suprême Intelligence.

Vous devez donc vous efforcer de
vous raprocher de Dieu le plus qu'il
est possible, à mesure qu'on voudroit
vous en éloigner. Eh ! comment méconnoître celui qui fait circuler votre sang, palpiter votre cœur, celui
qui opere en vous le vouloir & le faire,
sans cependant altérer votre liberté,
celui qui vous conserve & qui vous
nourrit. Il est votre conducteur lorfque vous marchez, votre pilote lorfque vous naviguez, votre fentinelle
lorfque vous dormez, & votre remu-
nérateur lorfque vous mourez.

Ce n'est point de votre ame que s'é-
leve de tems en tems ce tourbillon de
vapeurs qui vous offufque, & qui vous
fait perdre de vue la Providence & l'action de votre Dieu ; l'ame est pure,
fimple, & toujours éclairée de quelque
rayon célefte : mais c'est du fond de
votre cœur, c'est-à-dire, du centre
de vos paffions, c'est-à-dire, de cet
abîme impénétrable que vos defirs ont
formé, & où vous demeurez enféveli
fans entendre ni le cri de la confcience, ni celui de la raifon. Ainfi l'homme fe creufe au-dedans de lui-même

un affreux tombeau, toutes les fois qu'il se livre à des mouvemens déréglés, & c'est là que ses passions, telles que des spectres, le séduisent, lui font illusion, & l'empêchent de se connoître, ainsi que son auteur.

Quels pays n'aurions-nous pas à parcourir, si nous voulions suivre ici tous les égaremens du cœur; ces égaremens qui, consignés dans les livres de toute espéce, aprennent à l'homme à ne se plus connoître, à se ranger dans la classe des animaux les plus immondes, & à se jouer des vérités les plus terribles & les mieux attestées. Notre siécle a vu, & la postérité en frémira, des efforts en tous genres, pour tâcher d'éteindre la lumiére divine qui rayonne dans nos ames. Les vieillards, les femmes, les jeunes gens mêmes ont été séduits; & si Dieu n'empêchoit les progrès de la séduction, en se conservant des ames saintes, & généreuses, son nom deviendroit étranger au milieu même de son peuple.

Cependant ne sentez-vous pas, sans qu'il soit nécessaire de vous faire violence, que vos desirs n'ont point de proportion avec cette vie; qu'ils sont
trop

trop vaftes , trop fublimes , pour fe contenter de ce que la nature , & l'art nous offrent ici-bas ; que votre ame enfin n'a été formée ni pour être l'efclave des plaifirs , & des frivolités de ce monde , ni pour fe repaître de fes brillantes chiméres.

Il n'eft point d'homme qui n'ait mille fois gémi de fon affujettiffement aux befoins du corps , & qui n'eût voulu être affranchi de ces miféres auffi pénibles qu'humïliantes. Le boire , le manger , le vêtement , dit l'Auteur de l'Imitation , font à charge à une ame qui connoît le prix de fon excellence. Si l'efprit n'étoit créé que pour le corps , s'il devoit périr avec lui , au lieu d'avoir des penfées qui le répandent dans toutes les parties de cet Univers , qui l'élévent jufqu'au de-là des cieux , il n'étendroit pas fes vues plus loin que ce même corps , & , comme lui , il feroit maffif & limité : mais qui eft-ce qui n'a pas éprouvé les opérations de l'ame , lorfque agiffant felon fa nature , elle pénétre les corps mêmes par fon activité, elle juge de leurs dimenfions , & elle s'établit , pour ainfi dire , arbitre & fouveraine de tout ce qu'elle entend , & de tout ce qu'elle voit.

Non, la destinée de l'ame n'est point une chose chimérique produite par un rafinement d'orgueil , ou par les efforts d'une imagination déréglée ; elle résulte tout naturellement de l'essence même de l'esprit , qui ne pouvant se contenter des biens de ce monde , quelque multipliés qu'ils soient , ne cesse de former des desirs pour un bonheur qui ne se trouve point ici-bas.

Eh ! que desirons-nous , s'écrie le grand Augustin , lorsqu'errant continuellement d'objets en objets , voltigeant de plaisirs en plaisirs , nous cherchons à nous satisfaire , si ce n'est Dieu lui-même , cet Etre immense & infini , qui posséde lui seul les biens analogues à nos cœurs.

Si les passions , par un désordre affreux ne maîtrisoient pas l'ame , notre esprit s'élanceroit sans cesse vers l'éternité , & nous n'apercevrions que le ciel au milieu même de la terre. C'est là le point fixe d'une ame immortelle , c'est là son centre , & c'est là son repos.

La Philosophie moderne , en regardant la mort comme un anéantissement, outrage en même-tems l'ame, & Dieu qui l'a créée. Eh ! quoi, cette ame n'auroit rien de plus que les bêtes auxquelles elle commande, rien de plus que le fable qu'on foule aux pieds ; & il viendroit un tems où il feroit égal d'avoir eu les plus grandes idées de la Divinité, ou d'avoir été brut & matériel comme la taupe, un tems où il vaudroit autant avoir été un caillou qu'un efprit, avoir été un chêne, que l'ame de Newton ! .... A ces paroles la pitié prend la place de toute réfléxion, & il ne refte aux incrédules que la honte d'avoir donné lieu à des conféquences auffi abfurdes.

Que l'homme fe dévelope tel qu'il eft, qu'il montre fon ame dégagée des paffions & des préjugés, & vous verrez infailliblement les traces toutes divines de fon origine & de fa deftinée. Vous verrez que s'il fe fent foible, c'eft parce qu'il reconnoît un Etre plus fort ; que s'il fe fent dépendant, c'eft parce qu'il entrevoit un Etre abfolu & tout puiffant ; que fi enfin il fe fent indigent, c'eft parce qu'il éxifle un Etre infiniment bon, infiniment heureux, auquel il tâche de s'unir, &

auquel il ne peut atteindre aussi fortement qu'il le voudroit.

En vain nous nous courbons vers la terre pour y chercher notre félicité. Notre cœur inquiet, agité, n'obtient pas un bien qu'il n'en desire un autre, & ce flux & reflux continuel de desirs sert à prouver démonstrativement, qu'il n'y a que Dieu digne de nous, & que nous n'avons été créés que pour le posséder.

Rapellez ici tous les instans de votre vie, tous ceux de votre jeunesse, où vous crûtes goûter des plaisirs réels : en fut-il un seul qui remplît votre cœur, de maniére à ne plus vous laisser rien à desirer ? N'éprouviez-vous pas au moment même que vous vous livriez à vos passions avec plus-d'ardeur, qu'il manquoit encore quelque chose à votre ame, & qu'elle n'étoit satisfaite qu'à demi ? Comme il est de la nature de notre esprit d'aller toujours au-delà du present & de tout ce qui l'affecte & lui plaît davantage ; il ne peut conséquemment trouver son bonheur dans un lieu qui n'est ni éternel, ni infini. Je ne veux que cette réfléxion oposée à tous les sophismes de l'incrédulité, pour démontrer que l'homme eft deftiné à une autre vie qu'à celle-ci. S'il en étoit autrement, il ne defireroit pas continuellement l'avenir, & cependant il n'y a perfonne parmi nous, qui malgré la crainte que nous avons tous de vieillir & de mourir, ne fouhaite avec ardeur, le renouvellement des jours & des faifons. Il femble qu'il n'y a jamais que le lendemain qui puiffe nous fatisfaire, parce que toutes nos jouiffances terreftres n'ont rien en elles-mêmes qui puiffent nous contenter ; mais plutôt que d'en convenir & d'en reconnoître l'illufion, nous nous livrons à des efpérances qui paroiffent ne nous raffafier, que parce qu'elles n'éxiftent qu'en idée. Car il faut avouer que fi l'homme eft ici-bas fans un véritable bonheur, il eft ingénieux à s'en faire des fantômes : il croit, en fupléant par fon imagination aux biens qui lui manquent, fe rendre heureux ; & cette fituation n'eft qu'un délire tout femblable à celui d'un pauvre fébricitant qui s'imagineroit pendant quelqu'intervalle être Roi, & qui ne fentiroit que fon indigence avec plus de violence, lorfque l'accès viendroit à finir.

CHAPITRE II.

De l'Ame.

IL n'y a point d'homme, pour peu qu'il se connoisse, qui ne goûte un plaisir indicible à s'entretenir de l'ame. Il semble qu'en conversant sur ce sujet, on multiplie son être, & qu'on devient une créature sublime & toute spiritualisée. L'ame en effet étant la mere de la raison, la gloire de l'humanité, le chef d'œuvre de la Divinité, nous ne pouvons méditer sur son excellence & sur ses grandeurs, sans ressentir des impressions célestes.

Rien de plus élevé que l'ame, rien de plus fécond. Se transportant au-delà des astres dont elle doit voir le dépérissement, ou tout au moins la transmutation, engendrant continuellement sans jamais s'épuiser, elle est l'objet de l'Univers le plus parfait & le plus merveilleux ; que dis-je, elle n'a rien de commun avec l'Univers même que par le moyen du corps ; le monde est matiére, & elle est toute spirituelle;

le monde n'a ni choix ni volonté, &
elle est libre ; le monde doit finir, &
elle est immortelle.

Quelle carriére ces éminentes qualités ne fournissent-elles pas à l'imagination pour définir l'ame & pour l'éxalter ; mais quelqu'effort qu'on puisse faire, on restera toujours au-dessous de
cet être purement intellectuel, & vraiment incomparable qui rend l'homme
Roi de l'Univers, & qui déployant
tantôt notre mémoire, & tantôt notre
volonté, tantôt nos perceptions, &
tantôt nos desirs, nous élargit comme
une sphére toute divine, & nous fait
entrer dans un saint commerce avec
Dieu même.

Est-il possible que nous soyons des
êtres aussi merveilleux ? Nous ne pa-
roissons qu'un point, & nous sommes
plus grands que le monde entier. Ainsi
ces étoiles qui brillent sur nos têtes ne
nous semblent que des flambeaux presque imperceptibles, quoiqu'elles soien
bien plus volumineuses & bien plus
immenses que la terre & les mers.

Combien de fois n'avez - vous pas
soumis à votre éxamen tous les élémens,
n'en avez-vous pas décomposé les par-

ties pour les connoître & pour en juger ;
combien de fois n'avez-vous pas calculé
les distances des astres, analysé leur
lumiére, & prédit leurs révolutions, &
c'est-là cette opération que nous nom-
mons science, & dont la gloire apartient uniquement à l'ame. Le corps
n'est qu'un esclave, ou plutôt qu'un
automate qu'elle met en œuvre dans
tout ce qui concerne la méchanique
de son travail. Les sens obéissent, éxé-
cutent, & c'est l'esprit qui commande ;
plus on s'aprofondit, plus on est étonné
de ces merveilles. Desirs immenses,
projets vastes, pensées sublimes, autant de prodiges qui déposent à la gloire
de l'ame, autant de preuves qui démon-
trent sa spiritualité.

Oui, l'ame est spirituelle : & si vous
osez en douter, faites abstraction de
votre propre corps, la chose est facile,
& transportez-vous dans quelqu'endroit
que vous ayez habité. Là vous verrez
les objets qui vous font connus : vous
en jugerez comme s'ils vous étoient
presens, & vous sentirez que l'ame ne
peut voyager de la sorte, sans être tout
esprit. Cette opération est si frapante,
que toutes les fois qu'on la renouvelle,

on

on conçoit comment l'ame peut éxifter à la mort, fans la médiation du corps. En effet, une penfée qui fe promene dans tous les coins de l'Univers, qui traverfe l'efpace des cieux, qui fe reprefente des lieux immenfes, des nombres infinis, des jours éternels, qui defire enfin une immortalité de bonheur, ne fçauroit être matérielle.

D'ailleurs, comme on l'a dit plufieurs fois, quelle fera la couleur de l'ame fi elle eft réellement matiére ? Sera-t'elle bleue chez les uns, blanche chez les autres, ou rouge chez tout le monde, ainfi que le fang ; car toute matiére paroît colorée, & doit néceffairement avoir une figure & une pofition ; ce qui dénote encore que l'efprit ne pourra éxifter fans être rond, ou quarré, octogone ou triangulaire, enfin opaque ou diaphane. Quelles abfurdités ! Mais ne font-elles pas la conféquence du fyftême qui nie la fpiritualité des ames, & qui les fupofe des particules élémentaires ?

On ne voit rien, me direz-vous, lorfque l'homme expire, ou lorfqu'on en fait l'anatomie, qui faffe foupçonner

C

l'éxistence d'une ame ; mais n'est-ce pas précisément, parce que vous n'apercevez rien, que vous devez en conclure que l'esprit ne tombe pas sous les sens, & conséquemment qu'il est purement intellectuel ? Si votre ame paroît s'affoiblir avec votre corps, jugez simplement qu'elle en dépend, de même que le Cavalier dépend du cheval sur lequel il est monté; de sorte que si ce cheval est foible ou vieux, il le ménage & n'avance que lentement.

Direz-vous qu'un homme est aveugle parce qu'il se trouve dans une chambre absolument obscure? Vos yeux sont des fenêtres, & l'ame doit nécessairement ne rien apercevoir lorsqu'ils sont fermés. L'ame est ce sens intime qui, témoignage continuel de notre propre éxistence & de notre individualité, nous instruit & du tems où nous avons commencé à être, & de l'unité de notre personne, qui est totalement distinguée de toutes celles que nous voyons, & ce sens intime n'a sûrement besoin pour réfléchir, ni de l'ouie, ni de la vue, ni de l'odorat.

C'eſt par ſon impreſſion que l'homme, même aveugle, ſourd & muet dès ſa naiſſance, ſent qu'il eſt, qu'il eſt un tel, qu'il eſt le même aujourd'hui qu'il étoit l'an dernier.

Si l'ame n'étoit qu'une partie ou qu'une modification du corps, ou enfin le réſultat des muſcles, des nerfs & des eſprits animaux, comment pourroit-elle les entrevoir, juger d'eux, & les diriger ſelon ſa volonté ? Ces opérations ſupoſent néceſſairement de la part de l'ame, de la prééminence & de la ſupériorité. On ne peut, ſans doute, être en même-tems la cauſe & l'effet, le mode en un mot, & la ſubſtance ; je dis plus, les accidens ſeroient plus nobles que le ſujet, ſi la penſée naiſſoit de la configuration ou du mouvement du corps.

C'eſt ainſi qu'on ſe jette dans un labyrinthe de difficultés, ou plutôt d'abſurdités, lorſqu'on veut matérialiſer l'ame. Au lieu d'avouer, avec l'expérience & avec toute la tradition, que cette ame eſt une ſubſtance purement ſpirituelle, on aime mieux croire que des cartilages, de la chair & du ſang, peuvent produire des idées intellectuelles. Mais avez-vous jamais vu couper une ame ? j'avoue que ce seroit une chofe affez curieufe d'en apercevoir un quart, ou une moitié ; cependant je ne vois pas qu'on ait ofé jufqu'ici s'exprimer de la forte. Laplus fimple raifon fent que cela répugne, & l'on conviendra toujours, à moins qu'on ne foit en démence, que tous les grains de matiére poffibles, & arrangés de quelque maniére qu'on voudra, ne pourront jamais produire un fyllogifme. Car il ne fuffit pas pour prouver l'action d'une ame, d'articuler des mots à la façon des automates & des perroquets, il faut raifonner.

De la fpiritualité de l'ame, naît effentiellement fon immortalité. Ce qui n'a point de parties, ne peut fe diffoudre & eft néceffairemens impériffable. C'eft l'argument de Cicéron, & de tous les Philofophés Payens qui efpéroient une autre vie. Qu'auroient - ils dit, ces Payens, de voir des hommes qui fe nomment Chrétiens, croire à l'anéantiffement, ou du moins l'annoncer comme une belle découverte de l'efprit humain ? ils auroient dit qu'il ne faut avoir ni la moindre notion de ce que nous sommes, ni la moindre idée de l'Etre supréme, pour embraſſer un parti auſſi abſurde & auſſi déſeſpéré. En effet, que devient la juſtice du Légiſlateur, ſi l'ame à la mort s'échape en fumée ? il eſt alors égal d'avoir volé, ou d'avoir donné ; d'avoir ôté la vie, ou de l'avoir ſauvée ; d'avoir blaſphêmé, ou d'avoir beni ; d'avoir calomnié, où d'avoir loué ; & conſéquemment les vices & les vertus ſe trouveront dans la même claſſe & au même dégré ; & conſéquemment l'on aura été extravagant d'avoir été dupé d'une probité chimérique, en ne dépouillant pas ſon prochain, lorſqu'on aura pu le faire impunément.

Il n'y a que l'immortalité de l'ame qui juſtifie la Providence ſur les maux & les malheurs dont nous ſommes les triſtes témoins ; il n'y a qu'elle qui nous donne la ſolution de tant de miſéres, & de tant de contradictions aparentes qui répandent de toutes parts l'allarme & la confuſion. On ſait lorſqu'on croit l'ame immortelle, que la vie preſente n'eſt qu'un tems d'épreuve, & que bientôt le pauvre qui ſouffre avec docilité ſera récompenſé. Comment ces réfléxions ſi

simples & si naturelles ne font-elles pas
impression sur nos Incrédules, eux qui
ne cessent de nous dire, & que Dieu
seroit injuste s'il ne rendoit pas à chacun ce qui lui apartient, & qu'il seroit injuste s'il punissoit des hommes
qui ne l'ont pas mérité. On croiroit à
les entendre qu'ils sont députés du Ciel
même, pour faire valoir la justice divine; & à chaque instant ils l'outragent,
disons mieux, ils l'anéantissent : tant
il est vrai que lorsqu'on n'a point de
principes, & que lorsqu'on ne prend
conseil que de soi-même, on ne cesse
de s'égarer.

Nous sommes d'une nature trop excellente, & nous avons trop de prérogatives, pour n'être pas immortels.
Capables d'éxécuter des chef-d'œuvres, maîtres en quelque sorte de ce
monde, nous aurions droit d'accuser
la Providence, si nous devions finir
comme les animaux. Alors, je le répéte, nous ferions moins que ces chênes que nous avons plantés, & qui
subsistent tant d'années; moins que ces
édifices que nous avons élevés, & qui
durent plusieurs siécles ; moins que nos
propres portraits qui nous survivront,

& qui nous annonceront à la race future : d'ailleurs de quel droit égorgeons-nous les bêtes si elles sont de même nature que nous, si nous n'avons rien qui nous éleve au-dessus d'elles ? Mais combien notre ame par la sublimité de ses idées, ne nous avertit-elle pas du contraire, elle qui ne cesse de gémir de la maniére dont nous l'assujettissons aux passions ; mais parce que la dissipation nous empêche d'entendre ses gémissemens, nous croyons qu'elle n'est qu'un grain de matiére, en un mot, qu'un rien que les préjugés ont réalisé & ont embelli. Eh ! comment ce rien peut-il créer tant de pensées, & tant de projets dont nous sommes continuellement étonnés, comment peut-il former des loix, fonder des Monarchies, & les maintenir ; comment peut-il dicter des leçons de sagesse, & contenir tous les hommes dans les bornes du devoir.

Quelle idée toutes les nations ne nous ont-elles pas données de l'ame ! Il n'y a point eu beaucoup de peuple qui n'ait pensé qu'un certain je ne sçais quoi beaucoup plus noble que le corps, lui sur-

vivoit, & alloit s'unir à l'Etre des êtres :
& ne nous étonnons pas si ce dogme a été
universel ; il n'est que le témoignage
de la conscience.

L'homme livré à lui-même, quoique sans instructions & sans maîtres,
se sent né pour survivre aux objets ma-
tériels qui l'environnent. Il n'y a que
l'éloignement de nous-mêmes qui puisse
nous faire perdre cette grande vérité.
Ces espérances, dont nous ne trouvons jamais le terme, & qui ne manquent jamais de renaître à mesure
qu'elles s'évanouissent, nous persuadent que l'homme n'est pas incorporé
avec la terre qu'il foule aux pieds, qu'il
y a quelque chose en lui qui ne cherche qu'à s'élancer pour éxister dans
une autre sphére que celle d'un corps,
& pour jouir d'un autre monde que de
celui-ci.

Dites donc à ceux qui nient l'immortalité de l'ame, qu'ils parlent contre leur propre conviction, ou que
jamais ils ne se font interrogés ; dites-
leur que c'est une folie de publier comme ils font qu'on ne connoît point l'es-
fence de l'ame, puisque cette essence
consiste à comprendre & à aimer, &

que tout homme sent qu'il aime & qu'il comprend ; dites-leur qu'il y a une vraie basselle, une vraie dégradation à se croire matière, & que ce n'est uniquement que parce qu'on veut vivre comme les bêtes, qu'on prend plaisir à s'identifier avec elles : dites-leur que si par malheur le dogme affreux du matérialisme venoit à s'accréditer, ils n'auroient pas droit de se plaindre lorsqu'on les égorgeroit, parce qu'alors il n'y auroit pas plus de mal à les tuer qu'à faire périr un cerf ou un agneau ; dites-leur . . . . . ou plutôt ne leur dites rien, car toutes les raisons possibles ne sont pas capables de les détromper. Contentez-vous de gémir, & de garder toutes vos réfléxions pour vous-même, afin de n'être pas séduit par cette multitude de sophismes qu'on nous donne journellement pour des argumens insolubles & péremptoires.

Si nous passons maintenant à la liberté de l'ame : quelle prérogative plus capable d'exciter notre admiration, & de démontrer sa spiritualité! cette faculté que tout homme a de choisir, & de se décider comme il veut, est une souveraineté vraiment inestimable, &

le caractére distinctif de l'humanité.
En vain, quelques prétendus Philosophes se plaisent à rajeunir l'ancien systême de la Fatalité, & à le presenter
à notre siécle avide de toute nouveauté,
comme quelque chose qui mérite son
attention, il n'y a personne, qui de
sang froid ne reconnoisse & n'avoue
que nous sommes maîtres en tous tems
& en tout lieu de vouloir ou de ne pas
vouloir.

Dieu prévoit, il est vrai, nos dé-
marches & nos déterminations, mais,
c'est-à-dire, qu'il a sçu de toute éternité que dans telle occasion, nous ferions librement telle action. Cette
prescience n'impose pas plus de nécessité, que celle d'un Médecin qui prévoit qu'un malade doit mourir, & qui
annonce le moment de sa mort. C'est par
cette raison que nos heures, quoique
comptées, ne doivent pas nous empêcher d'employer des remédes, & de
faire nos efforts pour guérir, lorsque le
mal vient nous assaillir. Par éxemple,
Dieu qui voit, & qui connoît tout, a
vu & connu, qu'une saignée faite à
contre-tems, a conduit celui-ci au tombeau ; & que celui-là au contraire n'au-

roit pas péri, s'il eût été saigné. Nous faisons agir librement les caufes fecondes, & quoique tous les événemens arrivent infailliblement, ils n'arrivent pas néceffairement, parce que les hommes qui agiffent, ont toujours le pouvoir de ne pas agir.

Si l'on replique ici, qu'on n'eft pas libre, lorfqu'on ne réduit point à l'acte le pouvoir qu'on a d'agir, il faut répondre que fuivant ce beau principe, il n'y auroit nulle différence entre l'homme qui ne fe promene pas, parce qu'il lui plaît de ne pas fortir, & l'homme qui ne fort point, parce qu'il eft enchaîné. Voilà dans l'un & l'autre cas une puiffance qui n'eft point réduite à l'acte; mais tout le monde fent que celui qui ne fe promene point, parce qu'il ne veut pas fe promener, eft vraiment libre ; tandis que celui qui fe trouve dans les entraves ne l'eft fûrement pas.

Ce n'eft qu'en conféquence du dogme de la liberté qu'on récompenfe les hommes vertueux, & qu'on punit les fcélérats. Si nous étions en effet néceffités, quelle injuftice de faire mourir les voleurs, & les affaffins! Ils n'ont pas

été plus coupables que l'animal qui
suit un aveugle instinct ; que la boule
qui obéit sans discernement à l'impul-
sion de celui qui la jette ; que l'horloge
qui sonne sous les coups du marteau :
cependant quel est l'homme raisonnable qui oseroit accuser de cruauté les
Juges & les Loix , & regarder comme
une barbarie les châtimens qu'on infli-
ge aux méchans.

D'ailleurs tous les mérites , & par
raport à cette vie , & par raport à l'autre , sont absolument anéantis , s'il n'y
a point de liberté dans l'homme , &
Dieu lui-même est injuste de nous
commander ce que nous ne pouvons pas
accomplir. Mais sans nous étendre davantage sur cette matiére si souvent dis-
cutée , & si démonstrativement prouvée , contentons-nous de dire avec Scot
à ceux qui nient la liberté , qu'il faut
les fraper jusqu'à ce qu'ils conviennent
qu'on est libre de cesser.

Il est vrai que cet argument seroit
peut-être le plus propre à ramener à
la raison , ces hommes indociles , qui
contre leur propre expérience admettent une certaine fatalité , & se contre-
disent , en agissant toujours , comme

s'ils pouvoient tout. Qu'ils paroiffent ces infenfés, & qu'ils nous difent ici, & ce qu'ils penfent des Turcs, qui n'ofent fe garantir de la pefte, parce qu'ils fe croient prédeftinés à effuyer ce malheur, & ce qu'ils penferoient d'un homme qui fe jetteroit dans l'eau, en fe perfuadant que quelque chofe qu'il faffe, il ne périra pas, fi fon heure n'eft pas arrivée. Combien de fois ces mêmes perfonnes, qui donnent tout à la fatalité, n'ont-elles pas eu foin d'éviter des dangers où elles auroient pu mourir ; & fi elles ne font pas libres, pourquoi difent-elles continuellement : *je ferai demain telle & telle chofe, j'irai ici, & je n'irai pas là.* Oui, je ne veux que les actions & les penfées mêmes de l'Incrédule, pour le convaincre & pour le confondre.

N'écoutez donc plus ces Söphiftes artificieux qui voudroient anéantir l'ame, & qui la rangent parmi les chiméres & les préjugés ; ou priez-les de vous démontrer qu'elle eft corporelle, de vous déclarer où elle réfide ; priezles de vous communiquer à ce fujet les lumiéres qu'ils ont en partage, à l'exclufion de tous les hommes qui fen-

tent intérieurement combien cette ame
eſt réellement diſtinguée du corps , car
il n'y a perſonne ſur terre , qui ne ſe
ſente penſer. Précieux ſentiment ! qu'on
ne peut méconnoître ni étouffer, & qui
triomphera toujours de toutes les objections qu'on peut faire contre la ſpiritua-
lité de l'ame & contre ſon immortalité.

En vain on opoſe à l'homme l'éxemple de la bête , & l'on croit trouver
dans l'inſtinct des animaux, des moyens
propres à nous rabaiſſer ; tant que l'é-
tat des brutes ſera inconnu , toutes les
inductions qu'on pourra tirer de leurs
ruſes & de leur prévoyance , ne forme-
ront pas la moindre preuve. C'eſt une
folie de vouloir comparer ce qu'on
ſent & ce qu'on connoît , à ce qu'on
peut tout au plus deviner. Nous ne
pouvons que conjecturer ſur la nature
des bêtes ; & mille conjectures ne va-
lent pas le plus ſimple argument. Auſſi voyons-nous de ſiécle en ſiécle des
ſyſtêmes tous nouveaux ſur la condition des animaux. Tantôt ils ne ſont
que de pures machines privées de tout
ſentiment ; tantôt ils ſont animés par
des eſpéces de démons qui les font
agir ; tantôt ils ont une ame ſpiri-

tuelle, mais que Dieu doit anéantir.

Je fais que parmi tous ces fentimens l'on ne fait abfolument rien, & qu'on doit feulement rejetter l'opinion qui donne aux bêtes des démons pour agéns, ou qui leur accorde une ame fpirituelle , comme des opinions ab-folument contraires à la foi , & qu'on ne peut foutenir fans être ou hétéro-doxe , ou ignorant.

CHAPITRE III.

De la Révélation.

S'IL n'y a point de révélation , il n'y a point de péché orginel ; & fi ce péché n'éxifte pas , le défordre qui ré-gne dans la nature, ne peut ni s'expli-quer , ni fe concevoir. Comment allier en effet avec la juftice de Dieu les maux qui nous inveftiffent de toutes parts ? comment définir cette concupifcence qui nous tyrannife perpétuellement , de forte que nous ne paroiffons éxifter que pour fouffrir , & pour être en con-tradiction avec nous-mêmes ?

Il suffit donc de sçavoir si nous sommes réellement enclins au mal & sujets à la douleur, pour reconnoître que l'ordre de l'Univers a été dérangé, & que ce dérangement éxigeoit nécessairement un Réparateur. Il n'a pu y avoir ici-bas que l'homme qui ait offensé Dieu, puisqu'il a été le seul être raisonnable placé sur cette terre, & le seul capable de mériter & de démériter ; & il n'a pu y avoir que Jesus-Christ capable de réparer cette offense, puisqu'il falloit un Etre infini.

L'incrédulité se plaît à embrouiller continuellement cette question, & cependant elle est bien simple. Ne conçoit-on pas que le Créateur a pu éxiger de sa créature une marque d'obéissance & d'amour ? Ne conçoit-on pas que ne pouvant défendre à Adam, qui étoit alors seul, de tuer, de voler, ou de transgresser quelqu'autre précepte, il a dû lui interdire l'usage d'un fruit ? Ne conçoit-on pas que puisque tous les hommes étoient renfermés dans leur premier Pere, comme le germe de tous les chênes dans un seul gland, ils ont dû être viciés dès que la tige s'est corrompue ? Ne conçoit-

on

on pas que puisqu'ils étoient destinés à participer au bonheur d'Adam , s'il n'eût point péché , ils doivent par la même raison être envelopés dans sa disgrace si-tôt qu'il a désobéi ? Ne conçoit-on pas que si l'Etre suprême n'a pas empêché ce mal , ç'a été & pour ne point dépouiller l'homme de son libre arbitre , & pour faire voir à toutes les générations , qu'il n'a pas besoin de sa créature pour être heureux , & qu'elle peut tomber sans causer le moindre préjudice à son indépendance , & à sa grandeur ? Ne conçoit-on pas que la prévision de Dieu n'impose point nécessité , & quoique la chûte d'Adam dût arriver infailliblement , elle n'est point arrivée nécessairement , parce qu'il fut toujours maître de sa volonté ? Ne conçoit-on pas que si les hommes restent long tems sous la loi de nature , & sous celle de Moïse , c'est pour leur faire connoître davantage leurs miséres , & pour leur faire acheter par des larmes & des soupirs la venue de leur Libérateur ?

Oui , tout cela se conçoit : mais on ne veut point le concevoir ; & sous prétexte de vouloir relever la bonté de

Dieu, on s'efforce de contester la révélation qui est l'effet le plus signalé de cette même bonté.

Cependant le Messie n'est point un médiateur fabuleux ou inutile : si-tôt qu'Adam a péché, il est annoncé, & il paroît que le monde n'a été créé que pour lui, selon l'expression de Saint Paul, qui nous assure que Dieu n'a rien opéré que pour lui-même, selon l'idée de Saint Jean qui nous aprend que Jesus-Christ est l'*Alpha* & l'*Omega*, c'est-à-dire le principe & la fin de toutes choses.

Tous les Prophêtes ont attendu le Messie, & presque tous en ont parlé aussi clairement que les Evangélistes qui avoient été témoins ; tous les Sacrifices de l'Ancien Testament ont été la figure la plus expressive de toutes les circonstances de sa Vie & de sa Mort ; & l'on ne trouve de culte raisonnable parmi les Nations repandues sur la terre que celui des Juifs, c'est-à-dire, du Peuple qui espéroit en Jesus-Christ.

Si les Egyptiens, si les Grecs, si les Romains mêmes, nous avoient annoncé la venue du Messie, la conviction qu'on avoit & de leur amour pour le merveilleux, & de leur goût pour les fables, auroit pu nous faire naître des doutes : mais perſonne n'ignore que les Juifs, purement admirateurs du Dieu unique, n'eurent que des Chefs éclairés, ennemis des ſuperſtitions, amis du vrai ; & qu'on ne peut les ſoupçonner, ni de la moindre impoſture, ni de la moindre abſurdité dans tout ce qui concerne leur Religion.

Nous avons leurs livres, leur loi ; & la raiſon y aperçoit à chaque page les traces de la Divinité. Si vous opoſez à ces livres les objections de l'incrédulité, vous découvrirez auſſi-tôt où ſe trouve la vérité. Les incrédules n'ont pas un ſeul ouvrage, un ſeul témoignage de quelque contemporain à produire contre la doctrine de Moïſe & contre ſes prodiges en tout genre, & continuellement répétés au milieu d'un Peuple inquiet, défiant & murmurateur.

Si l'on doit douter, & même nier toutes les fois qu'on trouve des vérités qu'on ne comprend pas, il ne faudra ni croire à l'éxiſtence de Dieu, ni à ſon infinité, ni à ſon éternité, ni à ſon immenſité ; car un pur eſprit qui

fut toujours, qui fit le monde avec
rien, qui est par-tout, & qui n'a point
d'étendue, est vraiment un Etre inac-
cessible à nos foibles idées. Il faut
tout connoître & tout voir lorsqu'on ne
veut croire que ce qui est évident &
palpable, autrement on tombe en
contradiction, & l'on montre que ce
n'est que la crainte de bien vivre & le
préjugé qui engagent à nier la révélation.

Quand les Déistes vous disent que
Dieu ne s'intéresse ni aux hommes, ni
à leurs actions, que tous les cultes lui
sont indifférens, quelle preuve vous
administrent-ils? rien autre chose, sinon que cela paroît vraisemblable, &
tout-à-fait conforme à la bonté Divine.
Mais abandonnerez-vous tout le poids
de l'autorité sacrée & de la tradition
pour des vraisemblances? Croirez vous
à des hommes sans principes & presque
toujours sans vertus, plutôt qu'à des
législateurs & à des témoins, qui, depuis le commencement du monde, s'accordent sans interruption à affirmer les
merveilles de la révélation, & qui ont
écrit leur témoignage avec leur propre
sang à la face de toutes les Nations.

L'homme eſt ſi terreſtre & ſi char-
nel, que bien-tôt les idées intellectuelles lui échapent : qu'il ne pourroit s'attacher à une Religion qui n'auroit rien
de ſenſible, & qu'il lui falloit un médiateur revêtu de notre propre chair,
pour nous donner l'éxemple & pour
s'accommoder à notre foibleſſe, ainſi que
pour guérir nos maux : oui, le Tout-
Puiſſant a dû s'abaiſſer pour nous élever, ſe couvrir de nos plaies pour nous
guérir, mourir enfin pour nous faire
vivre.

L'homme ſans doute, fini comme il
eſt, n'avoit point en lui-même de quoi
ſatisfaire à la Divinité offenſée ; & il
falloit néceſſairement que le Fils de
Dieu prît ſa place, & qu'il vint, par
une mort d'un prix infini, nous réconcilier avec ſon Pere.

Si les Philoſophes ſe révoltent contre ſes prodiges, c'eſt que plus occu-
pés de leur corps que de leur ame, ils
ne connoiſſent ni les plaies de leur
cœur ni ſes beſoins, & dès-lors ils
ne peuvent ſe convaincre de la néceſſité d'un Médiateur. Cette vérité ne ſe
fait ſentir, que lorſqu'on rentre en ſoi-
même, & qu'on y obſerve en ſilence

la nobleſſe de ſon origine, la grandeur
de ſa deſtinée, & l'immenſité de ſes
deſirs. Auſſi voyons-nous que ce ſont
préciſément ceux qui ſe regardent comme des atômes & qui s'égalent aux bêtes, qui nient la révélation.

Que ne puis-je déveloper ici à vos
yeux toute l'économie de la Religion,
toute la tiſſure & toute l'étendue de ſa
chaîne, tous ſes raports avec l'immortalité de nos ames. Elle commence
avec le premier homme, elle l'éléve
vers ſon Créateur, elle l'aplique à la
contemplation des choſes inviſibles, &
elle n'enſeigne que la pureté & la vérité. Jettez un coup d'œil ſur les Peuples qui ne ſont point encore éclairés
des lumiéres de la foi, & vous les trouverez barbares ou ſenſuels, incrédules
ou ſuperſtitieux, & tous ignorans. Il
n'y a pas juſqu'aux Chinois, même les
plus lettrés, qui ne croyent des abſurdités, & qui n'aſſurent gravement que
la terre eſt ſoutenue par un éléphant.
Cependant, ce ſont eux qui ſont les
ſeuls êtres raiſonnables, au jugement
de nos eſprits forts, & il vaudroit mieux
être Arabe, & même ſauvage, que
d'être Chrétien. Que de rêveries écri-

tes depuis un demi siécle, & qu'il est glorieux pour la révélation, de voir que les petits hommes qui la combattent, employent de tels moyens!

Il ne s'agit pas d'envisager la révélation comme la suite d'une simple pomme qu'Adam a mangée, ni comme la mort ignomineuse d'un homme que les Juifs ont crucifié; si l'on détache les faits les uns des autres, si on les sépare de leurs causes, ainsi que de leurs effets, sans doute au lieu d'appercevoir la Religion & d'en connoître toutes les merveilles, on n'en verra qu'une ombre, ou plutôt qu'une peinture, qui la rendra informe & peut-être ridicule, & c'est ainsi que font toujours les Déistes. Comme ils ignorent la longueur, la profondeur, & la sublimité de la science toute divine qu'ils s'efforcent de combattre, ils n'en presentent dans leurs écrits, qu'un simulacre qui étonne & qui révolte.

Le dogme de la révélation veut être aprofondi, & alors il se fait voir comme essentiellement inhérent à la création du monde, comme le fruit d'un Médiateur qui a dû être Dieu & Homme pour pouvoir souffrir & satisfaire d'une maniére infinie, comme une œuvre annoncée pendant quatre mille ans, accomplie à la face de l'Univers, & prouvée par une multitude de prodiges & de témoignages en tout genre, comme une alliance ineffable entre l'homme & Dieu, comme la réparation entiére de la désobéissance du premier Pere, comme une merveille analogue à l'excellence & l'immortalité de l'ame, comme le germe de notre résurrection, comme le principe & le fondement de notre bonheur éternel.

Je ne dissimulerai point que la Religion a ses ombres, & que sans la foi, l'on seroit souvent arrété; mais Saint Paul ne nous déclare-t'il pas que la Croix est un sujet de dérision pour les Gentils & de scandale pour les Juifs, & qu'il a plû à Dieu de confondre la sagesse du monde par cette folie aparente; Saint Augustin ne nous dit-il pas que si l'on trouve la raison du Mystére de l'Incarnation, il n'est plus une chose extraordinaire, & que si l'on en cherche un exemple, il n'est plus une chose unique: Pascal ne nous annonce-t'il pas, que s'il y a des ténébres, il y a bien plus de lumiéres.

On

On ne peut s'empêcher d'apercevoir les rayons de la Divinité qui percent de toutes parts à travers les foiblesses aparentes du Messie. S'il naît dans une étable, les Anges l'annoncent, les Rois l'adorent, & Hérode le craint : s'il est circoncis, il est apellé Jesus, c'est-à-dire, Sauveur : s'il reçoit le baptême des mains de Jean, comme un homme ordinaire ; une voix miraculeuse sort du Ciel, & le déclare publiquement le Fils bien-aimé : s'il souffre la faim & la soif, il rassasie une multitude de personnes avec cinq pains ; s'il se charge de nos infirmités, il guérit tous les infirmes & il ressuscite les morts ; s'il est calomnié, il renverse d'une seule parole ses calomniateurs ; si son ame est triste jusqu'à la mort, il survient un Ange qui le console & qui le conforte ; s'il se laisse prendre & lier, il guérit l'oreille de Malchus ; enfin s'il meurt, le soleil s'obscurcit, la terre tremble, les rochers se fendent, le voile du Temple se déchire, & les morts ressuscitent ; s'il est mis dans le tombeau, le troisiéme jour il en sort glorieux & triomphant comme il l'avoit prédit, &

E

cet incomparable événement devient l'époque de la destruction de l'esclavage & de l'idolâtrie, & arbore le Christianisme sur la ruine des plus superbes Empires & des plus fiers Conquérans.

Quels traits plus radieux la Divinité pouvoit-elle répandre sur le Mystére auguste de l'Incarnation ! Ce sont ici des faits, & des faits attestés par des témoins qui ont vu, touché, & qui scelloient leurs témoignages de leur propre sang ; des faits devenus publics par le ministére de douze pauvres Pécheurs qui ont converti le monde ; des faits liés à des prophéties dont nous voyons l'accomplissement & dans la promulgation de l'Evangile annoncé de toutes parts, & dans la dispersion des Juifs, & dans la visibilité de l'Eglise, & dans ses triomphes sur toutes les Sectes de l'Univers qu'elle a vu périr, & qu'elle a confondues.

Si les livres sacrés n'étoient connus que des seuls Chrétiens, s'ils ne les communiquoient à personne, si l'on n'y trouvoit que quelques passages obscurs susceptibles de différens sens ; il n'est pas douteux que ces nuages offusqueroient la vérité, & qu'on auroit droit de suspecter les preuves de la Religion. Mais il s'agit ici de livres, dont les ennemis du Christianisme sont dépositaires , que les Juifs conservent comme des dogmes qui n'ont jamais été altérés; que les Musulmans mêmes regardent comme des livres divins ; il s'agit ici d'une suite de prophéties non interrompues , qui ne cessent de parler du Messie , & qui ne peuvent s'apliquer qu'à lui seul ; témoins celles d'Isaïe , où il est clairement énoncé qu'il paroîtra un prodige étonnant ; qu'on verra *une Vierge concevoir, & enfanter un Fils* ; témoins celles de David où le crucifiement & la mort de Jesus-Christ sont exactement raportés avec toutes leurs circonstances.

Dira-t'on que Jesus Fils de Marie, étant versé dans la lecture de l'Ancien Testament , disposa ses actions & tout le détail de sa vie , de maniére à les faire accorder avec les prophéties , & à s'aproprier en conséquence ce qui ne le regardoit pas; mais il eût fallu pour cet effet que Jesus ne fût pas livré entre les mains de ses ennemis , & qu'il eût été maître d'ordonner les circonstances de sa passion & de sa mort,

comme il l'eût voulu ; il eût fallu que
des Prophêtes qui ne s'étoient jamais
ni vus, ni connus, & qui ne pouvoient
ni se voir ni se connoître, eussent tous
ensemble concouru à annoncer un Messie imaginaire, & à le caractériser par
des traits aussi merveilleux qu'inouis ;
car tout ce qu'ils ont prédit ne peut
absolument convenir qu'à Jesus-Christ,
& par raport à sa qualité de fils de Dieu,
& par raport au tems où il est venu,
tems clairement énoncé dans les semai-
nes de Daniel, & qu'il est impossible
de méconnoître.

*Mais toujours des hommes entre Dieu
& moi*, dit l'Incrédule, c'est-à-dire,
des personnes qui peuvent tromper, ou
être elles-mémes trompées. Je demande
ici comment la Divinité se manifestera,
si elle n'emploie le ministére de la parole & de l'Ecriture pour nous trans-
mettre les vérités saintes, pour nous
communiquer des faits, & si réellement
nos beaux-esprits qui se plaisent à rejetter des témoignages humains, aime-
roient mieux qu'on leur donnât pour
preuve l'aparition de quelqu'Ange,
ou quelque vision, quelqu'inspiration.
C'est vraiment alors qu'ils se mocque-

roient de notre crédulité. Eh! comment
en pourrions-nous douter, puisqu'ils ne
cessent de tourner en ridicule les entretiens de Dieu même avec Moïse,
& de nier toutes les merveilles par les-
quelles il plaît au Seigneur de se communiquer à ses Saints.

Il faudroit, au jugement des Déistes,
autant de miracles qu'il y a de personnes dans l'Univers : mais peut-on ignorer que si les miracles devenoient si
communs, ils n'affecteroient pas plus
que les prodiges de la nature, qui se
renouvellent chaque jour sous nos yeux.
On les verroit avec la même indifférence, qu'on aperçoit un bois germer
& fleurir, un grain se pourrir & se multiplier au centuple, un insecte se mé-
tamorphoser dans je ne sais combien de
figures différentes, un polype renaître
tout entier de chaque partie coupée,
& ainsi du reste.

D'ailleurs que deviendroit la foi,
elle qui doit nous mériter le bonheur
éternel, si les Mystéres devenoient
aussi évidens que le jour qui nous éclaire ; & quelle différence y auroit-il
entre la vie future que nous espérons,
& celle dont nous jouissons, entre la

vifion intuitive qui fera notre félicité, & la lumiére qui nous feroit alors dé-partie? Dieu permet que les objections de l'incrédule font prefque toujours pitoyables, & que tout efprit droit en aperçoit fur le champ le ridicule & le faux.

Ah! fi les témoignages humains ne font pas acceptables, eh, que feront nos hiftoires! eh! que devons-nous penfer de tout ce qu'on nous a raporté, & de tout ce que nous croyons ferme-ment fur le recit & fur la tradition des différens Peuples! Alors il ne nous refte plus d'autre parti à prendre que d'être entiérement Pyrroniens, & d'imiter le fameux Hardouin, cet illuftre fou qui prétendoit que les Ouvrages d'Horace, de Virgile, de Cicéron avoient été fabriqués au dixiéme fiécle, & que la plûpart des Auteurs tant profanes que facrés n'avoient jamais éxifté.

On dira que des témoignages hu-mains fuffifent pour conftater des faits naturels, mais qu'il faut des certitudes d'un autre genre, pour prouver des prodiges extraordinaires. J'en conviens; auffi la Religion Chrétienne eft-elle apuyée fur les miracles les plus éclatans ; & comme il eſt de la nature d'un miracle de ne durer qu'un certain tems, il n'y a pas d'autre moyen d'en être aſſuré que par le témoignage de ceux qui ont vu, & lorſque ces témoins oculaires meurent pour certifier le fait, une telle mort devient une démonſtration. Il ne s'agit plus que d'éxaminer s'il n'y a point d'enthouſiaſme.

Mais qui pourra ſoupçonner les Apôtres d'avoir été trompeurs ou trompés! Les Incrédules eux-mêmes avouent & un de leurs plus célébres Coriphées vient tout récemment de le confeſſer, que rien n'étoit comparable à l'Evangile, & qu'il n'y avoit qu'un Dieu qui pût en être le héros. Si cela eſt, les Apôtres ont donc dit la vérité. Eh ! comment pouvoir en douter ? on n'aperçoit dans leur recit ni enthouſiaſme ni partialité. Ils parlent de Jeſus-Chriſt & de ſes miracles avec une ſorte de déſintéreſſement qu'inſpire la ſeule vérité, ils raportent les injuſtices & les cruautés des Juifs ſans faire la moindre imprécation, ils racontent la trahiſon de Judas, le reniement de ſaint Pierre, & la maniére dont ils s'enfuirent tous, ſans rien déguiſer de leurs propres

E 4

fautes, ni de leurs propres foibleſſes.

C'eſt à de tels caractéres qu'on doit néceſſairement reconnoître le langage de la vraie Religion, à moins qu'on ne veuille abſolument renoncer à la raiſon. Mais écoutons Jeſus-Chriſt lui-même, & voyons ſi ſes diſcours ſont ceux d'un faux Prophête ou d'un illuminé. Après avoir enſeigné le renoncement à ſoi-même, cette morale que toute la Phi-loſophie humaine ignoroit, & qu'elle n'étoit pas capable de trouver ; après avoir réduit toute la loi à l'amour de Dieu & à celui du prochain, après avoir donné des préceptes & des con-ſeils propres à nous rendre heureux dans ce monde & dans l'autre, après avoir montré des éxemples de la plus haute ſageſſe, & de la vie la plus ſu-blime & la plus ſainte ; prêt à conſom-mer ſon ſacrifice, & à entrer dans l'hu-miliante & douloureuſe carriére de ſa paſſion, il adreſſe ces paroles à ſon pere :

  » L'heure eſt venue, glorifiez votre
» Fils, afin que votre Fils vous glo-
» rifie. Vous lui avez donné puiſſance
» ſur tous les hommes, afin qu'il don-
» ne la vie éternelle à tous ceux que

» vous lui avez donnés. Or la vie
» éternelle confiste à vous connoître,
» vous qui êtes le seul Dieu véritable,
» & Jesus-Christ que vous avez en-
» voyé.

» Je vous ai glorifié fur la terre,
» j'ai achevé l'ouvrage dont vous m'a-
» vez chargé ; maintenant donc, mon
» Pere, glorifiez-moi en vous-même
» de cette gloire que j'ai eu en vous
» avant que le monde fût. J'ai fait
» connoître votre nom aux hommes
» que vous m'avez donnés . . . . ; ils
» ont reconnu véritablement que je
» fuis forti de vous, & ils ont cru que
» vous m'avez envoyé . . . . ; tout ce
» qui eft à moi eft à vous, & tout
» ce qui eft à vous eft à moi . . . . :
» j'ai confervé ceux que vous m'avez
» donnés, & aucun d'eux ne s'eft per-
» du que l'enfant de perdition . . . ;
» je leur ai donné votre parole ; & le
» monde les hait, parce qu'ils ne font
» point du monde, comme je ne fuis
» point moi-même du monde. San-
» tifiez-les dans votre vérité, votre
» parole eft la vérité même ; comme
» vous m'avez envoyé dans le monde,
» je les envoie aufli dans le monde,

» & je me sacrifie moi-même pour eux
» comme une victime sainte, afin qu'ils
» soient aussi sanctifiées dans la vérité.
   » Je ne prie pas pour eux seule-
» ment, mais encore pour ceux qui
» croiront en moi par leur parole... ? je
» suis en eux, vous en moi, afin qu'ils
» soient consommés en l'unité, & que
» le monde connoisse que vous m'avez
» envoyé, je desire que là où je serai
» ceux que vous m'avez donnés y soient
» aussi avec moi, afin qu'ils contem-
» plent ma gloire, cette gloire que
» vous m'avez donnée, parce que vous
» m'avez aimé avant la création du
» monde.

Que ces paroles renferment de grandes choses ! celui qui a des oreilles
pour entendre, les comprendra ; mais
il n'est donné ni aux railleurs, ni aux
indociles la grace de connoître les merveilleuses opérations du Tout-Puissant ;
autrement ils verroient que ce Mystére
de l'Incarnation est le chef-d'œuvre du
Tout-Puissant. C'est par ce Mystére
que l'homme a été reconnu l'héritier
des promesses éternelles, le Citoyen
du Ciel, de sorte que la révélation
est la preuve la plus authentique de

notre excellence. Il n'eſt plus à craindre qu'on nous confonde avec les animaux, ou qu'on doute de notre prééminence ſur tous les habitans de l'Univers. Notre état eſt aſſuré, nos titres ſont écrits avec le ſang de Jeſus-Chriſt même, & ils éxiſtent dans les Cieux. Si l'on en conteſte la réalité, c'eſt qu'on craint de ſe connoître, c'eſt qu'on préfére la condition léthargique des pécheurs, à la vie des Prédeſtinés.

D'ailleurs ne nie-t'on pas tous les jours les faits les plus certains, & les plus évidens ? On nie juſqu'à l'éxiſtence de Dieu même, juſqu'à celle des ames, juſqu'à celle de la matiére : ainſi écoutez la parole des hommes, & vous ſerez tantôt Athée, tantôt Déiſte, tantôt Matérialiſte, tantôt Spiritualiſte ; ou plutôt frapé de la diverſité de leurs opinions, vous ne ferez que douter, & vous ne ſaurez en conſéquence ni quelle eſt votre origine, ni quelle eſt votre deſtinée.

Il n'eſt pas difficile de deviner pourquoi la plûpart des hommes de notre ſiécle, embraſſent avec fureur le parti de l'incrédulité. Malheureuſement nés dans un tems où le luxe leur fournit tout ce que l'Evangile condamne, où il est presque honteux de pratiquer la vertu, ils trouvent dans le train du monde, & dans leur propre cœur la morale des passions ; & pour la suivre impunément, ils frondent le Christianisme qui la proscrit. Ils se persuadent qu'ils accoutumeront insensiblement les hommes à vivre sans loi, sans foi, sans Dieu, & que dès-lors il n'y aura plus de honte attachée aux vices qu'ils chérissent ; qu'enfin le viol, l'adultére, & l'infraction de toutes les loix Divines & Ecclésiastiques seront regardés comme des préjugés.

Mais si ces maux pouvoient arriver, que deviendroit l'homme, sinon le rival des bêtes les plus immondes, sinon un monstre redoutable à voir, & encore plus à fréquenter? C'est la révélation, n'en doutez pas, qui a rendu la société telle qu'elle doit être, qui a adouci les mœurs, qui nous fait entrevoir la Divinité dans tout ce que nous faisons. C'est à la révélation que les Peuples mêmes qui n'en ont pas d'idée sont redevables des vertus qu'on trouve encore dans leur commerce. Leurs Législateurs aprirent de la bouche des Apôtres qui se répandirent de toutes parts, ou des Juifs & des Chrétiens qu'ils eurent occasion de fréquenter, les grandes vérités de notre morale ; & ces traces quoiqu'effacées sont encore sensibles.

Il n'y a que la révélation qui nous ait bien apris à respecter nos Souverains comme les images de Dieu même, & qui nous ait engagés à les aimer comme nos peres ; il n'y a qu'elle qui influe sur les cœurs, & qui arrête jusqu'aux mauvais desirs & jusqu'aux mauvaises pensées ; il n'y a qu'elle qui puisse véritablement rendre nos maux suportables , & nous causer des impressions de joie au milieu des horreurs mêmes de la mort ; il n'y a qu'elle qui sache nous détacher de nous-mêmes, & nous persuader que nous sommes des serviteurs inutiles , après avoir opéré tout le bien que nous pouvons faire , & qui sçache nous engager à oublier toutes nos bonnes œuvres, & à les regarder comme des dons de Dieu.

L'Evangile en nous interdisant les passions voluptueuses , n'a fait que pourvoir à la tranquillité de notre cœur , & nous rendre toute son élévation &

toute sa noblesse. Parcourez tous les préceptes de la Loi, & vous sentirez qu'ils ont un raport nécessaire avec notre ame, que ce sont des régles fondées sur une profonde connoissance de ce qui se passe au dedans de nous, qu'elles ne renferment que les remédes de nos maux les plus secrets, & qu'il n'y avoit que celui seul qui connoît le fond des cœurs, qui pût prescrire de telles maximes aux hommes. Les Payens eux-mêmes étoient forcés d'admirer la morale des Chrétiens ; & surpris de trouver dans les discours de Jesus-Christ une Philosophie bien plus sublime que dans les Ecoles des Romains & des Grecs, ils ne pouvoient comprendre que le Fils de Marie eût mieux connu les devoirs, les desirs, les penchans secrets du cœur de l'homme, que Platon & tous ses Disciples.

Dès que nous sommes l'ouvrage de Dieu, nous ne pouvons plus vivre que conformément à la volonté de notre Auteur ; & dès que Dieu a fait de nous son ouvrage le plus parfait, il n'a pu nous laisser vivre au hazard, sans nous manifester ses volontés, c'est-à-dire sans nous prescrire ce que nous devions au Créateur , aux autres hommes, & à nous-mêmes.

La Loi de Nature, la Loi Ecrite & la Loi de Grace, sont autant de divers bienfaits de notre Dieu, qui nous aprennent à le craindre, à l'aimer, & à devenir éternellement heureux ; mais il n'y avoit que la Loi de Grace comme aportée par Jesus-Christ même, qui pût nous unir d'une maniére intime à la Divinité. Les autres Loix n'étoient que le prélude & la préparation de celle-ci, dont toutes les maximes ne respirent & n'enseignent que la plus parfaite charité.

Mais si l'Evangile est l'ouvrage de Dieu dans ce qui concerne la morale, il doit l'être également dans ce qu'il nous dit des Mystéres. C'est le même oracle qui nous déclare que Jesus-Christ ne fait qu'un avec son Pere, & qui nous prêche l'amour des ennemis ; qui nous aprend que la chair du Fils de Dieu est véritablement nourriture, & son sang véritablement breuvage, & qui nous recommande d'être doux, & humbles de cœur, qui nous annonce qu'on n'entrera point dans le Royaume des Cieux si l'on n'est baptisé ; &

qui nous ordonne de renoncer à nous-
mêmes ; qui nous parle d'un feu éternel destiné à dévorer les pécheurs, &
qui nous oblige à porter notre croix
& à faire pénitence.

Ne séparons point ces vérités les
unes des autres, & ne nous étonnons
pas de ce qu'il se trouve des hommes
qui les contestent ou qui le défigurent.
Il s'agit ici de la révélation : & il nous
a été révélé : » Qu'il viendroit un tems
» où Jesus-Christ trouveroit à peine
» de la foi sur la terre, où la séduc-
» tion seroit si universelle que les Élus
» mêmes seroient séduits, si Dieu n'a-
» bregeoit les jours mauvais » ; & il
nous a été révélé, » qu'il y auroit
» des murmurateurs qui se plaindroient
» sans cesse, qui suivroient leurs pas-
» sions, dont les discours seroient pleins
» de faste & de vanité, qui se mocque-
» roient de la Religion ; qui vivroient
» dans la sensualité & qui n'auroient
» point l'esprit de Dieu : qui méprise-
» roient toute autorité, & qui maudi-
» roient ceux qui sont élevés en di-
» gnité.

Et il a été révélé. » Qu'il s'éléve-
» ra de faux Docteurs, qui renonçant
» le

» le Seigneur qui les a rachetés, s'at-
» tireront une ruine soudaine ; que plu-
» sieurs les suivront dans leurs dog-
» mes pernicieux & dans leurs impu-
» retés ; qu'ils seront cause, qu'on
» blasphêmera contre la vérité, que
» semblables à des bêtes qui sont nées
» pour périr, ils attaqueront par leurs
» blasphêmes ce qu'ils ignorent, &
» qu'ils périront dans les infamies où
» ils se plongent ; que recevant la ré-
» compense que mérite leur iniquité,
» ils mettront leur bonheur à passer
» chaque jour dans les délices ; qu'ils
» seront la honte & l'oprobre de la
» Religion ; qu'ils auront des yeux
» pleins d'adultére, & d'un péché qui
» ne cesse jamais; qu'ils attireront à eux
» par des amorces trompeuses les ames
» qui n'ont point de fermeté ; qu'ils
» quitteront le droit chemin, & qu'ils
» s'égareront en suivant la voie de Ba-
» laam ; qu'ils sont des fontaines sans
» eau, des nuées agitées par des tour-
» billons, & que de noires & profon-
» des ténébres leurs sont réservées pour
» toujours.

Il a été révélé qu'on rencontreroit
des Philosophes » qui enseigneroient

» des sciences vaines, conformes aux
» élémens du monde, & oposées à
» Jesus-Christ : des mocqueurs qui
» croupiroient dans l'impiété : qu'il
» y avoit un mystére d'iniquité qui
» s'opéreroit de jour en jour, & que
» plus on avanceroit vers la fin des
» tems, plus le nuage s'épaissiroit :
» que des hommes amateurs d'eux-
» mêmes, fiers, superbes, calom-
» niateurs, désobéissans à leurs Supé-
» rieurs, ingrats, impies, sans ten-
» dresse pour leurs proches, sans foi,
» sans affection pour les gens de bien,
» ayant plus d'amour pour la volupté
» que pour Dieu, s'insinueroient dans
» les maisons, traîneroient après eux
» comme captives des femmes char-
» gées de péchés, & possédées de di-
» verses passions, & aprendroient tou-
» jours, sans pouvoir jamais parvenir
» à la connoissance de la vérité.

Ne sembleroit-il pas que ces prédictions publiées depuis dix-sept à dix-
huit siécles, sont un recit fidèle de ce qui
arrive sous nos yeux ? Leur accomplissement, dont nous sommes les tristes
témoins, doit nous aprendre que la révélation n'est point l'ouvrage des hom-

mes, mais l'œuvre de l'Esprit saint qui connoît tout, qui prévoit tout, & qui a donné aux Livres sacrés un caractére de divinité, dont l'impression se fait sentir à chaque page.

Rien de plus simple & de plus sublime que les saintes Ecritures. Elles nous consolent, elles nous instruisent, elles nous éclairent, elles nous dégagent des sens, & elles nous attachent à Dieu. Plus on les lit, plus on veut les lire. Eh! comment seroient-elles le langage de l'imposture, elles qui condamnent le plus leger mensonge; comment seroient-elles l'ouvrage de l'orgueil, elles qui n'enseignent que l'humilité: comment seroient-elles l'effet de la superstition, elles qui ne prêchent & ne canonisent que les vertus les plus épurées: comment seroient-elles le fruit de la cabale, elles qui proscrivent toutes les intrigues & toutes les passions, & qui ne recommandent que l'obéissance, la paix & la candeur?

Oui, la Révélation & les Livres saints qui nous en instruisent, ne peuvent avoir que Dieu lui-même pour principe. Eh! depuis quand l'imposture parleroit-elle le langage de la vérité, c'est-à-dire, le langage qui l'anathématise & qui l'anéantit. Où sont les Auteurs du tems des Prophêtes & des Apôtres, qui les ayent convaincus de mensonge & de duplicité ? Leurs écrits ont passé à travers leurs plus grands ennemis, ils s'y sont conservés, & ils sont venus jusqu'à nous, sans qu'on ait osé les contredire, ni les infirmer.

Il est trop tard, devez-vous dire à nos Incrédules, pour tenter maintenant de faire valoir des objections contre l'authenticité des saintes Ecritures. On ne détruit point la vérité par des hypothèses & par des fictions. La révélation consiste en faits publiés depuis Moïse jusqu'à Jesus-Christ, & depuis Jesus-Christ jusqu'à nous; & tous les traits d'imagination, tous les traits mêmes de génie ne détruisent point des faits dont les preuves sont aussi évidentes, & la chaîne si bien ourdie.

Disons plus, les Mahométans, les Brames, les Payens mêmes confirment la vérité de la révélation. Ils enseignent, & croient tous que la Divinité s'est manifestée aux humains; & quoique leur

Religion soit défigurée par l'assemblage monstrueux des plus grandes absurdités & des plus horribles superstitions,
elle n'en est pas moins un monument
qui depose en faveur du Christianisme.
Ceux qui ont étudié les diverses croyan-
ces de toutes les Sectes repandues sur
la terre, se sont convaincus que la fable n'étoit qu'une parodie de la vraie
Religion.

Mais citons quelque chose de plus
fort. Platon, oui Platon, lui-même,
ce Philosophe Payen, après avoir étudié la nature de l'ame, & après avoir
admiré son excellence, conclut, quoique n'ayant point d'autres lumiéres
que celles de la raison, qu'il n'est pas
possible que Dieu ait laissé l'homme
sans se communiquer à lui, & qu'il y a
quelques moyens, par lesquels cet Etre
souverain se fera sûrement manifesté! Eh
qu'aurions nous de plus que les animaux
si nous n'avions été gratifiés du bonheur de connoître Dieu & de l'aimer?
Ils jouissent du même soleil que nous,
des mêmes sensations, & il n'y a absolument que l'avantage inestimable de
participer en quelque sorte à la Divinité, & qui nous discerne, & qui nous

éleve au-deſſus de la condition des
bêtes. Que dis-je ? nous ſerions pires
qu'elles, ſi nous n'avions pas une autre
vie à eſpérer, puiſque nous vivons
aſſujettis à des loix qui contrárient nos
penchans, & qui ne ſeroient que le
fruit du préjugé.

Dieu, comme ſouverainement juſte,
a dû traiter les êtres qu'il a daigné créer,
ſelon l'analogie de leur nature, ſelon
les degrés de leur perfection. Ainſi il a
placé autour de ſon trône les Anges qui
nous ſont ſupérieurs, & il a intimé ſes
loix aux hommes, & il s'eſt manifeſté à
eux, leur promettant des récompenſes
éternelles, & ne donnant aux bêtes
qu'une vie animale & momentanée.

C'eſt cet ordre tout divin, cette
économie toute merveilleuſe qui tien-
nent chaque être dans ſa ſphére, & qui
l'obligent à ſuivre ſa deſtination & à
correſpondre à ſon origine. On ne peut
donc, ſans renverſer l'ordre, confón-
dre toutes les créatures, & les regarder
comme indifférentes aux yeux du Créateur. Il les connoît toutes, il les apelle
par leur nom, & il veut qu'elles concourent chacune à ſa maniére à le benir;
& que l'homme, par ſa raiſon, s'éleve

jufqu'à lui , & lui paie un tribut de
refpect, de reconnoiffance & d'amour.
C'eft moi, nous crie ce Dieu fi tendre & fi bienfaifant, qui vous ai tiré
des horreurs du néant, qui vous ai
pourvû d'une ame toute fpirituelle , &
d'un cœur capable de fentiment , afin
que vous fachiez que je fuis votre élé-
ment, votre principe, votre vie, & votre
fin. Tout ce que vous aimerez hors de
moi , & fans raport à moi, fera ftérile
ou vicieux , & tout ce que vous aimerez en moi & pour moi fera d'un
prix infini.

Ainfi la révélation ne nous oblige
qu'à des préceptes juftes , fages & lumineux , qu'à des préceptes analogues
à la nature & aux defirs de nos ames.
Que nous enfeigne-t'elle en effet qui
ne foit pas utile, proportionné à nos
befoins , enfin raifonnable & fublime ?
Elle nous enfeigne que nous devons
aimer Dieu de toutes nos forces , &
notre prochain comme nous-mêmes ,
renoncer à toute vanité , & ne nous
complaire qu'en celui qui nous fait
faire le bien, & qui, en couronnant nos
mérites, couronne fes propres dons : elle
nous enfeigne que Dieu viendra dans

l'inſtant de la mort au ſecours de ceux qui l'auront fidèlement ſervi pour les récompenſer éternellement , & qu'il condamnera à des ſuplices éternels ceux qui auront tranſgreſſé ſes loix ; elle nous enſeigne à être bon parent, bon Citoyen , à faire du bien aux perſonnes qui nous veulent du mal, à connoître la vérité & à l'aimer. Qu'y a-t'il dans tout ce détail qui ne doive nous donner la plus haute idée de la révélation , & qui ne doive nous perſuader qu'elle eſt vraiment divine.

Si elle nous dit enſuite que Dieu éxiſte véritablement en trois Perſonnes ; que le Verbe Eternel s'eſt incarné dans le tems ; qu'il eſt mort pour expier nos péchés ; qu'en ſigne d'amour il nous donne réellement ſon corps & ſon ſang adorable ; qu'il a inſtitué ſept Sacremens dans le ſein d'une Egliſe toujours viſible , & contre laquelle les portes de l'enfer ne prévaudront jamais ; qu'y a-t'il dans toutes ces merveilles qui répugne à la raiſon ? La Raiſon ne nous crie-t'elle pas que rien n'eſt impoſſible au Tout-Puiſſant, que les plus grands prodiges ne lui coûtent qu'un ſimple acte de ſa volonté ,

&

& que de quelque maniére qu'il opére,
on ne le comprendra jamais.

Contestera-t'on à Dieu le droit qu'il
a de nous former pour les fins qu'il a
voulu, & de proposer à notre croyance
les vérités qu'il lui plaît de nous ré-
véler ! Hélas, les blasphêmes sont si
communs dans ce siécle, les paradoxes
tellement à la mode, qu'il n'y a rien
qu'on ne soutienne, & qu'on n'ose.
Cependant si l'homme n'est que ce
que Dieu a voulu, il doit sans doute
faire tout ce que Dieu lui ordonne;
& si ce même Dieu ne lui eût rien
ordonné, il l'auroit inutilement doué
d'une ame capable de connoître & d'aimer, de croire & de pratiquer.

Avouez donc que la révélation, soit
qu'on la considére en elle-même, soit
qu'on l'envisage dans ses suites, soit
qu'on l'éxamine du côté des témoignages qui la précédent & qui l'accom-
pagnent, ne peut être l'ouvrage des
hommes. Avec quel éclat n'a-t'elle pas
rendu à Dieu la gloire que l'Idolâtrie
lui ravissoit, & au genre-humain la
paix dont les passions les plus affreuses
l'avoient dépouillé !

Avant la révélation, l'Univers étoit

G

un temple d'Idoles ; chaque vice étoit
déifié. On adoroit un Jupiter inces-
tueux, un Mars adultére & cruel : le
sang des humains couloit pour honorer
ces monstres que la superstition avoit
imaginés : mais maintenant combien
notre culte n'est-il pas épuré ; tout y
est marqué au coin de la sainteté, &
tout n'y respire qu'une piété mâle &
solide , digne du Christianisme que
nous professons.

Avant la Révélation le monde entier n'étoit qu'un théâtre lugubre , où
l'ambition & l'envie donnoient tous les
jours les scènes les plus sanglantes.
L'homme ne se souvenoit plus de l'excellence de sa nature , & se livroit sans
réserve , comme sans scrupule , à toute
la brutalité des passions , à toute la corruption de l'esprit & du cœur , & pour
le faire avec plus de courage & plus
d'impunité , il fit entrer les vices mêmes
jusques dans son culte. Ce n'étoit que
désordre dans ses sens , dans son imagination , dans son ame. Mais maintenant
nos personnes sont, pour ainsi dire , divi-
nisées par notre incorporation avec Jesus-
Christ, & ceux qui sont encore malheureusement corrompus , ne le sont au

moins ni par ignorance, ni par principes, ni par devoir, & ils favent que
c'eft une abomination aux yeux de
Dieu, de proftituer fes membres en
les faifant fervir à l'iniquité.

Otez la révélation, & bientôt les
hommes n'auront plus d'idée de Dieu;
ou, ce qui eft à peu près la même
chofe, ils fe le repréfenteront comme
un être abfolument oifif, retiré en lui-
même, jouiffant de fon propre bonheur,
ne daignant pas s'abaiffer à confidérer
ce qui fe paffe fur la terre, ne comp-
tant pour rien le genre-humain qu'il a
créé, auffi peu touché de nos vertus,
que de nos vices, & laiffant au hazard
le cours des fiécles & des faifons, les
révolutions des Empires, la deftinée de
chaque particulier, la machine entiére
de ce vafte Univers, & toute la difpen-
fation des chofes temporelles.

Ce ne font ici ni des terreurs chimériques, ni de vaines conjectures. Il
n'y a pas un homme qui nie la révélation qui ne donne dans ces excès : difons
mieux, on ne combat la Religion que
pour apuyer le fyftême d'une divinité
apathique & indifférente qui ne voit ni
n'entend, comme fi celui qui a formé

les oreilles & les yeux n'étoit pas present à tout ce qui frape extérieurement
nos sens.

Mais qu'ont gagné tous ces insensés
qui ont rejetté la Révélation? l'Histoire
ne se souvient d'eux que pour les qua-
lifier d'impies ; & si leurs sophismes
leur attirent quelques prosélytes &
quelques éloges, la vérité qui ne perd
jamais ses droits, les couvre d'un oprobre éternel. Les passions s'éteignent ,
les railleries finissent , les brochures
disparoissent , le délire passe , la raison
revient, & une nouvelle génération ne
s'éleve que pour proscrire celle qui l'a
précédée , & pour rendre à la Religion
le lustre qu'on vouloit lui ravir.

Voyez d'un côté ce que l'incrédulité vous presente ; voyez de l'autre ce
que la Religion vous offre : & optez.
Ici vous n'avez à esperer que des syn-
dereses, des remords ; là vous trouvez
la paix , la consolation & le bonheur :
ici vous êtes environné de paradoxes ,
de sophismes, de cabales, d'iniquités ;
là vous respirez dans le sein de la vérité même loin de la fraude , du mensonge , de l'envie & du parjure : ici
vous n'avez rien à attendre que des dou-

tes fur votre deſtinée , que d'affreuſes incertitudes au moment de votre mort ; là vous vous abandonnez à Dieu comme à celui qui acréé votre ame , & qui en prendra ſoin : ici vous n'êtes en ſociété qu'avec des railleurs , des orgueilleux , des blaſphémateurs , qu'avec des hommes qui bornent leur vue & leur éxiſtence à cette miſérable terre ; là vous avez pour amis des gens timorés , des humbles de cœur , des hommes ſublimes qui s'élévent au-deſſus de ce monde , & qui ne s'occupent que du ciel : ici vous ne trouvez que des perſonnes qui ſe jouent de leur ame , & qui la proſtituent ; là vous converſez avec des Sages qui connoiſſent leur dignité & qui ſe ſpiritualiſent : ici vous ne voyez que des ſcandales , que des paſſions embellies ſous toutes ſortes de couleurs ; que des tableaux du vice , que des éloges du crime & de l'impiété , en un mot , que des livres obſcènes & dangereux ; là vous n'avez en main que des ouvrages raiſonnables & religieux, qui corrigent vos mœurs , qui vous prêchent l'amour de l'ordre , & qui vous engagent à remplir fidèlement tous vos devoirs : ici vous formez un ſaint commerce avec les cieux, avec Dieu lui-même; là vous n'avez d'autre partage que l'enfer.

Hésiteriez-vous encore à préférer le dogme de la Révélation, & à abandonner l'incrédulité comme le comble des malheurs? La foi, le plus précieux des dons, vous éclairera, vous vivifiera : avec elle vous attendrez les récompenses éternelles, & sans elles vous ne verrez que les horreurs du néant, avec elle vous n'aurez que l'ambition de plaire à Dieu, & sans elle vous vous lasserez à la poursuite de quelque fantôme de gloire & de bonheur ; avec elle vous serez toujours tranquille, toujours content : sans elle votre cœur sera la proie de tous les chagrins : avec elle vous vous éléverez au-dessus de tout ce qui séduit, & vous jouirez d'une pleine liberté ; sans elle vous deviendrez l'esclave des hommes, & vous languirez dans des entraves. La foi est la source des véritables lumiéres ; & toute la Philosophie humaine, un enchaînement de doutes & d'erreurs.

Que les ombres de la révélation ne vous arrêtent pas : où n'y a-t'il pas des ténébres ici-bas ? Nous ne pouvons nous démêler nous-mêmes, & cela ne nous empêche pas de croire que nous éxistons ; nous ne pouvons définir une simple pensée , & cela ne nous empêche pas d'être convaincus que nous pensons ; nous ne pouvons comprendre l'instinct des animaux , & cela n'empêche pas que nous n'en soyons assurés ; nous ne pouvons deviner les énigmes de toutes les opérations de la nature , & cela n'empêche pas que nous n'en convenions ; nous ne pouvons enfin fonder les abîmes de cet Etre qui fait tout , & qui peut tout , & cela ne nous empêche pas de le reconnoître & de l'adorer.

Eh ! pourquoi ne déraisonne-t'on que lorsqu'il s'agit de la Religion ? Agissez à son égard, comme vous agissez à l'égard de tout ce que vous admettez, de tout ce que vous croyez , & vous serez un vrai Chrétien.

La crainte de mortifier nos sens pendant quelques années , quelques mois, & ce que je ne puis dire sans frayeur , pendant quelques jours, nous fait regarder comme préjugé une vérité , ou plutôt la seule vérité qui devroit nous convaincre , nous toucher , nous occuper. Nous nous plaisons à écarter le souvenir de cette mort qui s'avance & qui nous persuadera, mais trop tard, qu'en rejettant la Religion, nous avons abusé de notre raison, profané notre ame, & divinisé nos passions. Cette mort est toujours proche, quelqu'éloignée qu'elle nous paroisse. Le berceau lui-même est l'image d'un cercueil, & l'enfant qui y repose, *n'est qu'un squelette caché sous le voile d'une chair fragile.*

CHAPITRE IV.

De la Divinité de Jesus-Christ.

JESUS-CHRIST, Dieu & Homme tout ensemble, engendré de toute éternité dans la Splendeur des Saints, surpasse tellement nos intelligences, que nulle créature ne peut parler dignement de ce divin Médiateur. Qui pourra raconter sa génération ineffable! qui pourra nous expliquer comment il est tout à la fois Dieu, & Fils de Dieu, mais sans inégalité, sans postériorité, sans diversité ni de puissance ni d'essence! qui pourra comprendre les deux états de Jesus-Christ, l'un éternel, l'autre temporel; l'un incréé, l'autre créé; l'un impassible, l'autre passible : tous les deux joints ensemble, & joints inséparablement. On s'abîme dans la contemplation de ces vérités si hautes & si grandes ; & la terre doit se contenter de révérer en silence des mystéres aussi incompréhensibles , & qui sont l'objet de l'adoration des Anges & des Saints.

Cependant pour répondre aux Incrédules qui osent attaquer Jesus-Christ même, & pour leur faire voir que la Religion Chrétienne n'adore pas ce qu'elle ignore, & que les fondemens de sa foi sont vraiment inébranlables, l'Eglise prouve la divinité de son auguste Chef, & par l'Ecriture & par la Tradition, de la maniére la plus authentique & la plus claire.

Tout parle de Jesus-Christ ; tout l'annonce dans l'Ancien Testament comme dans le Nouveau. Les Patriarches ainsi que les Prophêtes, & les Prophêtes ainsi que les Apôtres n'ont qu'un même langage , dès qu'il s'agit du

Messie ; & ce langage est celui de l'adoration.

A peine Adam a-t'il prévariqué, que le Fils de Dieu est prédit comme le Réparateur du genre-humain : que dis-je, Adam n'étoit que son ombre & son Précurseur, puisque le monde entier ne subsistant que pour Jesus-Christ, ce divin Législateur, indépendamment du péché originel, se seroit incarné, selon le sentiment de plusieurs Théologiens. Il est le principe & la fin de toutes choses, & il n'y a rien de créé qui ne doive exalter son Nom & l'adorer ; les Cieux, la terre & les enfers le reconnoissent pour leur maître, & confessent sa gloire & sa puissance.

Quel est l'Ange à qui le Seigneur a dit : je vous ai engendré de toute éternité ; qu'il ait introduit dans l'Univers en ordonnant à toutes les intelligences de l'adorer ? quel est l'homme qui ait osé dire comme le Christ : je suis la voie, la vie & la vérité, & qui ait pu le prouver par la guérison des muets & des aveugles, & par la résurrection des morts ?

Il n'y a point de sacrifice dans l'ancienne Loi qui ne se raporte au Mesfie, de forte que s'il n'étoit pas Dieu, la Religion Judaïque, qui condamna toutes les Idolâtries, feroit elle-même idolâtre. Les Prophétes parlent de fa génération éternelle & de fa naiffance dans le tems de fa puiffance infinie, de fa fageffe fuprême, & l'apellent enfin *Dieu*, le Prince de la paix, & le Pere du fiécle futur. *Deus, princeps pacis, pater futuri fæculi.* Abel, Noé, Abraham, Ifaac, Jacob, Jofeph, Moyfe, Salomon, David, & tous les Juftes de l'Ancien Teftament ne font honorés & reconnus pour Saints, que parce qu'ils efpérérent dans Jefus-Chrift, le falut & la rédemption de tous les hommes; & en qui efpére-t'on pour pouvoir être fauvé, fi ce n'eft en celui qui eft véritablement Dieu? Auffi les portes du Ciel furent-elles fermées, jufqu'à ce qu'il vint lui-même les ouvrir.

Examinez tous les caractéres du Meffie, tous les noms & tous les attributs que la Religion lui donne, & fous lefquels elle l'invoque, & bientôt vous connoîtrez que Jefus Chrift eft, a été, & fera toujours reconnu pour le Fils unique de Dieu, & Dieu lui-

même. Nul n'a mérité que par les mérites de sa vie & de sa mort. *C'est par le
Verbe de Dieu que les Cieux ont été
formés*, dit la Genèse : & quel est ce
Verbe, sinon cette personne adorable,
qui, sans commencement, mais engendré du Pere Eternel, & avec lui
source du Saint Esprit, régne à jamais, & qui dans sa communication
ineffable de la divinité à l'humanité,
fait les délices du Ciel.

Au commencement étoit le Verbe,
nous dit Saint Jean, *& le Verbe étoit
en Dieu, & Dieu étoit le Verbe. Tout
a été fait par lui, & sans lui il n'y a
rien eu de fait. Il étoit la lumiére qui
éclaire tout homme venant en ce monde,
& le Verbe s'est fait chair*. Peut-on
désigner plus clairement la divinité du
Verbe, sa puissance sur toutes les créatures, enfin son incarnation. Il n'y a
pas ici une parole qui n'atterre les
Ariens, & qui ne foudroie les Déistes.

Si vous considérez maintenant les
noms que l'Ecriture donne à Jesus-
Christ, & qui ne sont propres qu'à
Dieu ; les attributs ou les perfections
du Messie, qui sont communes au Pere
Eternel & à son Fils, enfin le culte

& l'adoration qu'on a toujours rendus au Sauveur des hommes, vous ne pouvez douter de la divinité du Verbe. L'Ecriture l'apelle le Seigneur, le Maître *Jehovva*, celui qui a tout fait, qui étend les Cieux, qui affermit la terre, qui n'a point son pareil, celui qui est *la splendeur du Pere, le caractére de sa substance, celui qui soutient tout par sa parole, & par qui les siécles ont été faits.*

L'Ecriture represente Jesus-Christ, comme étant assis sur un Trône élevé, & son Temple rempli de tout ce qui n'est qu'au-dessous de lui : elle dit clairement que Dieu viendra pour nous sauver ; & qu'alors les yeux des aveugles seront ouverts, que les sourds entendront, que les boiteux marcheront ; elle dit, *qu'il est le très-Haut, celui qui ôte les péchés du monde, qui ne fait qu'un avec son Pere, qui posséde tout ce que le Pere posséde, qui a la vie en lui-même & qui la communique aux autres ;* elle dit que *tous honoreront le Fils, comme on honore le Pere ; que toutes les choses célestes & terrestres, visibles & invisibles, sont renfermées en lui ; que tout n'existe que par lui, & pour lui ; qu'en-*

fin la plénitude de la Divinité réside réel-
dement dans le Christ.

Si vous passez maintenant aux attributs, vous les trouverez énoncés de la
maniére la plus précise & la plus sublime. Jesus-Christ, selon Saint Paul,
*est le premier né de toute créature, par-
ce que tout a été créé par lui ; le seul
médiateur entre Dieu & les hommes, qui
nous a rachetés ; celui qui étoit hier,
qui est aujourd'hui, & qui sera dans tous
les siécles ; & en qui tous les trésors de
la sagesse & de la science subsistent réellement.* Il est, selon l'Apocalypse, *la fin
& le commencement de toutes choses ; le
Roi des Rois, le Maître des Maîtres, celui qui sonde les cœurs & les reins ; celui
devant qui les vingt-quatre Vieillards se
prosternent continuellement, & à qui
apartient la gloire, le salut, & l'adoration dans tous les siécles des siécles.* Selon
Saint Luc il est *celui qui connoît toutes les
pensées ;* selon Saint Matthieu, *celui qui
est avec son Eglise jusqu'à la consommation des siécles ;* selon Saint Marc, *celui
qui est le Tout - Puissant ;* selon Saint
Jean, *celui qui sait tout ;* selon les Actes
des Apôtres, *le Juge souverain des vi-*

& des morts ; enfin Saint Thomas l'a-
pelle Dieu, *Deus meus.*

Ses opérations ne font pas moins ex-
primées, *tout ce que le Pere fait, Jéfus-
Chrift le fait, il éxifte avant tout, &
tout eft en lui, il efface les iniquités, &
il s'eft acquis l'Eglife par fon fang.*

Que de nouvelles preuves de fa divinité, fi l'on réfléchit fur l'adoration
qu'on lui rend de toutes parts : *il a un
nom qui fait fléchir tout genouil au Ciel,
fur la terre, & dans les enfers, tous
les Anges doivent l'adorer ; fi l'on croit
en Dieu, on croit en lui ;* Paul fe déclare Apôtre felon le commandement
de *Dieu notre Sauveur Jéfus-Chrift.*
Qu'on faffe attention à ces paroles, elles
confondent les Déiftes qui ont ofé
publier que Saint Paul ne l'avoit jamais
nommé Dieu. Saint Jean, quoique fan-
tifié dans le fein de fa Mere, quoique le plus grand d'entre les enfans des
hommes, publie qu'il n'eft pas digne
de délier le cordon de fes fouliers.

Ecoutez maintenant comment J. C.
s'annonce, ce qu'il nous dit de lui-
même, & quelle eft la fublimité de
fes difcours : il nous déclare qu'il *eft
la vie & la vérité, la lumiére du*

*monde ; que qui le voit a vu son Pere ;
qu'il ne fait qu'un avec lui ; qu'il existe
avant qu'Abraham fût, & que ce même
Abraham a desiré voir son régne : il nous
déclare, que c'est lui qui sauve les pécheurs ; qu'on ne peut être sauvé qu'en
son nom ; enfin, il ordonne à ses Apôtres de baptiser toutes les Nations en son
nom.*

Jesus-Christ prophétise comme il
parle ; la science de l'avenir n'a rien
qui le frape, qui le trouble, qui le
surprenne, parce qu'il renferme tous les
tems dans son esprit : les mystéres fu-
turs qu'il annonce ne sont point dans
son ame des lumiéres infuses & soudai-
nes qui l'éblouissent, ce sont des objets
familiers qu'il ne perd jamais de vue,
dont il trouve les images au-dedans de
ui ; & tous les siécles à venir sont sous
l'immensité de ses regards.

Quand il parle de la gloire éternelle,
ce n'est ni avec entousiasme, ni avec
admiration. On voit que la familiarité
& la simplicité de ses expressions, su-
posent en lui une sublimité de connoissances, qui lui rend l'idée de l'être souverain familiére ; qu'enfin il ne parle
que de ce qu'il voit à découvert, que

de

de ce qu'il possédé lui-même. Tout est grand dans ses discours, parce que tout est vrai, parce qu'il est la vérité même. Selon lui les actions les plus héroïques ne sont rien, dès qu'on les compte soi-même pour quelque chose ; la prospérité est une infortune, l'élévation un précipice, les afflictions des faveurs, la pauvreté un trésor, la terre un éxil, tout ce qui passe un songe.

Quel langage ! Quel homme avant Jesus-Christ avoit parlé de la sorte ? & si ses Disciples, pour avoir seulement annoncé cette doctrine céleste, furent pris par tout un Peuple pour des Dieux descendus sur terre, quel culte doit-on rendre à celui qui en est l'auteur, & au nom de qui ils l'annoncent ?

Ainsi la doctrine de Jesus-Christ le fait connoître pour un Dieu ; doctrine qu'on n'avoit point entendue jusqu'a-lors ; doctrine, qui, unissant les choses terrestres aux célestes, rend le Chré-tien plus grand que le monde entier par l'élévation de sa foi, & au-dessous du dernier des hommes par la modes-tie de ses sentimens ; doctrine qui nous aprend à aimer J. C. à chercher notre bonheur en lui, & qui nous assure qu'on ne peut obtenir miséricorde que par sa médiation.

Quel Prophête, s'il n'étoit pas Dieu, eût osé dire aux hommes : *Vous m'aimerez : tout ce que vous ferez vous le ferez pour ma gloire?* Quel Prophête s'il n'étoit pas Dieu, eût été promis pendant quatre mille ans, desiré de tous les Justes, figuré par tous les sacrifices & par toutes les cérémonies, montré dans tous les âges? Quel Prophête, s'il n'étoit pas Dieu, eût été annoncé pour être le Législateur des Peuples, la lumiére des Nations, le salut d'Israël? Ah! c'est bien alors que Dieu lui-même nous eût induit en erreur, c'est bien alors qu'il auroit vraiment égalé sa créature à lui.

Fixerons-nous maintenant les mœurs de Jesus-Christ? nous n'y verrons que des caractéres de divinité. Il n'y a pas une histoire qui nous parle d'un Juste aussi universellement exempt des foiblesses inséparables de l'humanité, que le fut Jesus-Christ. Ses Disciples qui l'aperçoivent continuellement & de plus près, sont les plus frapés de l'innocence de sa vie, & la familiarité si dangereuse à la vertu la plus héroïque, ne sert qu'à découvrir tous les jours de nouveaux prodiges dans la sienne. Il ne parle que le langage du Ciel, il ne répond que lorsque ses réponses peuvent être utiles au salut de ceux qui l'interrogent. On ne voit point en lui de ces intervalles qui décelent l'homme, & qui trahissent le héros. Par-tout il paroît l'Envoyé du Très-Haut, & il n'est pas moins un homme divin lorsqu'il mange chez un Pharisien, que lorsqu'il ressuscite Lazare, lorsqu'il assiste aux Nôces, que lorsqu'il guérit l'Aveugle né. Aussi dit-il avec assurance au milieu de ses plus grands ennemis : *qui d'entre vous me convaincra de péché ?*

Il n'affecte point ce vain stoïcisme qui caractérisa les Philosophes les plus célébres de l'antiquité, & qui n'étoit que l'envelope de leur orgueil. Il pleure sur la mort de ses amis, il pleure sur sa patrie, & il s'afflige à l'aproche de sa Passion. Enfin, suivez-le depuis son berceau jusqu'à sa Croix, sur le Calvaire comme sur le Tabor, & toutes ses actions, ainsi que ses paroles, vous pénétreront, vous étonneront, vous raviront.

Sa vie est un miracle continuel, aussi-bien que tous ceux qu'il opére. Eh, quels prodiges ne fait-il pas ! il se joue, pour ainsi dire, en opérant les plus grandes merveilles, & ni la résurrection des hommes enterrés & presque pourris, ni la prédiction de l'avenir ne le tirent de sa tranquillité ordinaire. Le seul attouchement de sa robe guérit les maladies les plus invétérées : sa seule volonté fait voir les aveugles, entendre les sourds, marcher les boiteux, parler les muets ; & tous ces miracles ne portent aucun caractére de dépendance. Il les fait en son propre nom, & il déclare à ses Disciples qu'ils chasseront les démons en son nom, & il déclare à tous ceux qui l'écoutent que tout ce que son Pére opére de merveilleux sur la terre, il l'opére aussi.

Il ne s'en tient pas là, il communique sa puissance à ses Disciples, & il rend tous les vrais Chrétiens des hommes miraculeux, c'est-à-dire, maîtres du monde en le méprisant ; élevés au-dessus des loix de la nature, en les surmontant ; arbitres des événemens, en s'y soumettant ; plus forts

que la mort même, en la souhaitant.
Combien Jesus-Christ ne doit-il pas
être grand, pour élever la foiblesse
humaine à ce point de perfection &
de grandeur!

S'il ressuscite d'entre les morts, c'est
par sa propre vertu, (prodige qu'on
n'avoit point vu jusqu'alors), & ce
n'est plus pour mourir, comme tant
d'autres, qui avoient été ressuscités par
le ministére des Prophêtes; s'il monte
dans le Ciel, ce n'est pas un char de
feu qui l'éléve; il s'éléve lui-même
avec Majesté, il laisse à ses Disciples
tout le tems de l'adorer, & de l'ac-
compagner de leurs yeux, & du séjour
de sa gloire, il leur envoie en signe
de son alliance, de sa protection, &
de toutes les vérités qu'il leur a annoncées, les dons de l'Esprit saint qui se
répandent sur chacun d'eux, & qui
paroissent sous la forme de langues de
feu.

Il n'y a pas une foiblesse aparente
de ce divin Sauveur, comme nous l'a-
vons déja dit ailleurs, qui ne soit re-
levée par quelque merveille extraordinaire; & tout, jusqu'à sa Passion,
jusqu'à sa mort même, quoique la plus

ignominieuse à l'extérieur, annonce un
Homme-Dieu qui ne s'est humilié que
parce qu'il l'a voulu, & qui ne souffre,
que parce qu'il s'est livré pour nous
racheter de la mort du péché.

Aussi toute l'Eglise a-t'elle toujours
cru, & toujours enseigné la Divinité
du Christ comme le fondement de son
espérance, comme l'objet de son adoration & de sa foi; ce qui se prouve
sans replique, & par toutes les déci-
sions des Conciles, & par tous les passages des Peres Grecs, & des Peres
Latins, qui tous, jusqu'au Concile de
Nicée, ont publié de la maniére la
plus claire, & la plus précise, la divinité du Messie, & toute la tradition.

Saint Ignace, cet homme Apostolique, & Martyr, successeur de Pierre
à Antioche, s'exprime ainsi : » Etu-
» diez-vous à confesser les dogmes du
» Seigneur, afin que tout vous réus-
» sisse selon la foi & la charité, dans
» le Fils, le Pere, le Saint-Esprit.
Je glorifie, dit-il dans un autre endroit, » Jesus-Christ qui vous a com-
» muniqué tant de sagesse ; il est le
» seul médecin engendré, & non créé;

» & qui est le Verbe éternel de Dieu.

Saint Polycarpe s'écrie, en s'adres-
sant à Dieu : » je vous loue, je vous
» glorifie, ô mon Dieu, par notre
» Pontife éternel Jesus-Christ, par
» lequel vous avez une gloire com-
» mune avec lui dans le Saint-Esprit,
» par tous les siécles des siécles.

Saint Justin, Philosophe & Martyr,
dit : » que tous les Chrétiens sont
» baptisés au nom du Pere, de Notre-
» Seigneur Jesus-Christ & du Saint-
» Esprit ; « & dans son Apologie
pour les Chrétiens à l'Empereur An-
tonin, il expose clairement la génération éternelle du Verbe : dans son
Dialogue avec Tryphon ; » Je vous
» aporterai, dit-il, mes amis, un
» autre témoignage de la sainte Ecri-
» ture, que Dieu avant toutes les
» créatures a engendré son Verbe,
» qui est apellé par l'Esprit Saint, la
» gloire de Dieu, le Fils, la Sagesse,
» Dieu & le Seigneur.

Ce que le saint Docteur explique
par une comparaison du feu qui en-
gendre une autre lumiére sans s'altérer, ni souffrir aucune diminution. Il
prouve aussi » qu'il est véritablement

» Dieu, égal à son Pere, & de la mê-
» me nature, celui qui a aparu à Abra-
» ham, à Moyse & aux autres Patriar-
» ches, qu'ils ont adoré comme leur
» Dieu, & qui est apellé par l'Esprit
saint du nom de *Tétragmaton*.

Athenagore Philosophe, distingue
clairement trois Personnes, dans une
Apologie qu'il écrivit pour les Chrétiens : » Qui est-ce qui ne sera pas
» surpris, dit-il, » que nous qui
» prêchons Dieu le Pere, Dieu le Fils,
» & le Saint Esprit, & leur union,
» on ose nous apeller impies, & des
» hommes sans Dieu.

» Nous professons, dit-il ailleurs,
» un Dieu & son Fils qui est le Verbe,
» & le Saint Esprit qui ne font qu'un
» en essence, car le Fils est le Verbe,
» & la sagesse du Pere. On voit par
les paroles de Tatien, quoique tombé
dans l'hérésie, que » le Verbe a tou-
» jours été avec Dieu, qu'il émane du
» Pere, non par division, abscission,
» mais par communication de toute sa
» substance ; que le Verbe enfin est
» toujours engendré de Dieu, parce que
» le Pere n'est jamais sans son Verbe.
Saint Théophile, Evêque d'Antioche.»

che, enseigne dans son second Livre à
Autolicus; » que le Myſtére de la Tri-
» nité a été repreſenté dans la création.
» Les trois jours, dit-il, qui ont pré-
» cédé la création de la lune & du
» soleil repreſentent le sacré Myſtére
» de la Trinité. Il ajoute ensuite, pa-
» ge 88. » Dieu ayant son Verbe en
» lui-même l'a engendré. » Il enseigne
clairement, » qu'il y a eu deux géné-
» rations du Verbe, l'une interne,
» l'autre externe, lorsqu'il s'eſt mani-
» feſté.

Saint Irenéc Evêque de Lyon, Martyr & Diſciple de Polycarpe, dans son
premier Livre contre les héréſies, ex-
poſe la foi de l'Egliſe par ces paroles :
» L'Egliſe, dit-il, répandue par-tout
» l'Univers juſqu'aux confins de la
» terre, a reçu des Apôtres la foi,
» qui conſiſte à croire dans un seul
» Dieu Pere Tout-Puiſſant, & en Je-
» sus-Chriſt Fils de Dieu incarné pour
» notre salut, & dans le Saint Eſprit ; »
& au Livre 3, Chap. 18. » il n'y
» a pas de contradiction, dit-il, ſi nous
» diſons que Jeſus-Chriſt eſt né, car
» nous avons montré que le Fils de
» Dieu éxiſtant toujours avec son Pe-

» re, n'a pas commencé lorsqu'il est
» né : » & chap. 25, en parlant à l'homme, il s'explique ainsi : » ô homme,
» tu n'as pas toujours éxisté comme le
» Verbe qui co-éxiste avec Dieu.

» Jésus-Christ, dit-il, au Livre 3,
chap. 6, ne seroit pas nommé Dieu, s'il
» n'étoit réellement Dieu.

Saint Clément d'Aléxandrie, Prêtre,
& homme d'une érudition immense
pour le sacré & le profane, dans son
Livre 1 du Pédagogue, s'écrie : » ô
» miracle ! il y a un Pere de tout ce
» qui éxiste, & un Verbe de toutes
» choses, & le Saint-Esprit, & il est
» par-tout.

Et dans une hymne qu'il a composée
en l'honneur de Jésus-Christ, il apelle
le Verbe éternel, *la lumiére éternelle ;*
au Livre 3 : chap. 2, » louons, dit-il,
» le Pere, le Fils, le Fils qui est un
» avec le Saint Esprit.

Origène, Disciple de Clément d'A-
léxandrie, dans son premier Livre où
il parle des Mages, apelle le Christ
Dieu à raison de l'encens qu'on lui
offre ; & dans son troisiéme Livre
où il répond à Celse : » il faut sçavoir,
» dit-il, que ce Jésus que nous

» croyons Dieu, & le Fils de Dieu,
» est le Verbe même, la vérité même,
» la sagesse même ; & au Livre 8, il
répond à l'objection de ceux qui di-
soient que les Chrétiens adoroient plusieurs Dieux ; nous n'adorons « qu'un
» seul Dieu ; en adorant le Pere, le
» Fils & le Saint Esprit.

Les Peres Latins ne sont pas moins
précis sur cet article d'où dépend toute
la Religion, & dont le Christianisme
tire tout son éclat & toute sa vertu.

Tertullien enseigne dans tout son
Livre contre Praxéas, » qu'il y a trois
» Personnes distinctes en Dieu dans
» l'unité d'essence : il déclare, chap. 2,
» que c'est une régle de foi de recon-
» noître un Dieu ; sçavoir, le Pere, le
» Fils & de Saint Esprit : » il dit clairement, » que Dieu étoit seul avant
» la création du monde, & qu'il étoit
» alors son univers, son temple & tout ;
» mais que dans un autre sens il n'étoit
» pas seul, puisqu'il avoit avec lui son
» Verbe qui ne peut en être séparé.

» Nous sçavons, ajoute-t'il au chap.
» 2 ; que Dieu est par-tout en sagesse,
» en force, en puissance, & jusques
» dans les abîmes ; & que son Fils,

» comme étant inséparable, est par-tout
» également avec lui.

Eusebe de Césarée, célébre non-
seulement par son Histoire Ecclésiastique, mais encore par sa Démonstration
Evangélique, & par son profond sçavoir, ne s'exprime pas avec moins d'é-
nergie sur la Divinité de J. C.

Ces autorités suffiront-elles pour
confondre ces Ecrivains ignorans & téméraires, qui osent avancer impudem-
ment que l'Eglise, pendant les trois
premiers siécles, n'a point cru que Jesus-Christ fût Dieu ? Non sans doute;
car le systême de nos prétendus esprits
forts, est de ne rien lire, de ne rien
éclaircir, de composer une histoire comme un poëme, sans autre secours que
l'imagination, & d'aller toujours en
avant, quelqu'objection qu'on leur fasse : mais ces témoignages raffermiront
la foi de ceux qui pourroient être ébran-
lés, & ils exciteront une juste indignation contre la licence & la fourberie de
nos Auteurs à la mode, qui avancent
des paradoxes, & les mensonges les plus
insoutenables, avec une confiance qu'on
prendroit pour le ton même de la vérité.

Les beaux esprits du siécle, ou croient

se jouer de notre ignorance , où profiter
de la merveilleuſe opinion qu'on a
d'eux , lorſqu'ils débitent qu'il n'y eut
qu'au Concile de Nicée , où la Divinité
de Jeſus-Chriſt fut connue & déclarée.
Autrement oſeroient-ils écrire une abſurdité ſi groſſiére & ſi pitoyable : une
abſurdité qui nous démontre qu'ils ne
connoiſſent ni les déciſions de l'Egliſe
diſperſée , ni la forme des Conciles , ni
la croyance de l'Antiquité.

En effet , quand on a lu & étudié
l'hiſtoire du Chriſtianiſme , & la maniére dont il s'eſt perpétué juſqu'à nous
ſans viciſſitude & ſans altération , ont
fait que l'Egliſe n'a jamais varié dans ſa
croyance ; qu'on aſſembla de tems en
tems des Conciles Œcuméniques , &
que ces Conciles où l'eſprit d'erreur ne
peut prévaloir ſont compoſés de Docteurs qu'on conſulte, & d'Evêques dont
on recueille le témoignage & la tradition de leurs Egliſes ſur les points con-
teſtés ; on ſait que l'Evangile , les Priéres publiques , les Liturgies & les
Ecrits des Péres , ſont les autorités d'a-
près leſquelles les Evêques prononcent :
ainſi il eſt de toute impoſſibilité que

I 3

le Concile de Nicée eût fait un dogme
de la Divinité de Jesus-Chrift, si ce
dogme n'avoit pas été la foi de l'Eglife
entiére, si l'on n'en eût trouvé aucun
veftige dans les Livres eccléfiaftiques
& facrés, ni dans l'enfeignement public. Mais les paffages que nous avons
raportés, & mille autres de cette nature, confondirent les Ariens, & aprirent à toute la terre, que les Succef-
feurs des Apôtres ne s'affembloient à
Nicée que pour établir folemnellement
ce qu'on profeffoit de toutes parts, &
pour porter le dernier coup à la monf-
trueufe héréfie qui ofoit attaquer l'ef-
fence même de la Religion, & de la
Divinité.

Que feroit en effet le Chriftianifme
fi Jesus-Chrift n'étoit pas Dieu, finon
une Société toute humaine; que dis-je,
une Société idolâtre qui rendroit à une
créature des adorations qui ne font
dues qu'à Dieu feul: une Société dont
les dogmes feroient des chiméres, les
Sacremens des menfonges, le culte un
facrilége; une Société qui fe contredi-
roit elle même, en pratiquant des impiétés qu'elle s'aplaudit d'avoir détrui-

tes; une Société qu'il faudroit enfin ab-
jurer avec autant de zéle que d'éclat.

Mais comment l'Eglise Catholique
qui a triomphé de toutes les erreurs,
qui ne s'est établie que sur la ruine des
Idoles & des faux Dieux, seroit-elle
coupable elle-même des crimes qu'elle
est venue abolir ! C'est alors que le
Royaume de Dieu seroit vraiment di-
visé, que la Sagesse éternelle agiroit
contre ses propres desseins, & que le
Tout-Puissant nous auroit réellement
séduits ; car Jésus-Christ si souvent &
si long tems annoncé dans les Prophêtes, a fondé sa Religion comme Dieu,
a fait ses miracles comme Dieu, est
ressuscité comme Dieu, & doit venir
nous juger comme Dieu. Il ne s'agit
point de l'apeller simplement un homme merveilleux, un envoyé du Très-
haut : il seroit nécessairement un im-
posteur, s'il n'étoit pas Dieu.

Mais qui osera soupçonner d'imposture le Messie promis à toutes les Nations, attendu avec ardeur de tous
ceux qui n'aiment que la vérité, le
Messie dont la morale toute divine proscrit le moindre équivoque, dont les

loix font toutes fublimes & toutes
faintes, dont la vie fut toute célefte ;
le Meffie que fes ennemis mêmes ad-
mirent & refpectent.

Il n'y a point eu de fecte en effet qui
n'ait donné des éloges à Jefus-Chrift,
& qui n'ait regardé fa perfonne & fes
actions comme quelque chofe de miraculeux. Jofeph, l'Hiftorien des Juifs,
l'apelle *un Prophête puiffant en œuvres
& en paroles* ; Mahomet en parle avec
vénération ; & jufques chez les Payens
même, il a eu des admirateurs & des
panégyriftes. Que dis-je, l'hiftoire nous
aprend que plufieurs Romains, émer-
veillés de la vie & des prodiges de Jefus, travaillérent à le faire infcrire au
nombre de leurs Dieux. Mais il ne devoit pas être confondu avec de fauffes
Divinités : il étoit réfervé aux prétendus Philofophes de nos jours, de blaf-
phêmer ouvertement contre le Chrift ;
& encore le Coriphée de ces Philofophes, cet Homme fingulier, qui abandonne fon ame à toute idée pourvu
qu'elle lui femble neuve ou plutôt ex-
travagante, eft-il forcé d'avouer ce qui
fuit, ce qui mérite toute l'attention du

Lecteur, & ce qui fe trouve dans l'ouvrage qui a pour titre *Emile*, & qui
traite de l'éducation.

» Je vous avoue, dit l'Auteur de ce
» Livre, auffi impie que chimérique,
» que la majefté des écritures m'étonne,
» que la fainteté de l'Evangile parle à
» mon cœur. Voyez les Livres des
» Philofophes avec toute leur pompe,
» qu'ils font petits près de celui-là! Se
» peut-il qu'un Livre à la fois fi fublime
» & fi fimple foit l'ouvrage des hom-
» mes? fe peut-il que celui dont il
» fait l'hiftoire ne foit qu'un homme
» lui-même? eft-ce là le ton d'un
» enthoufiafte ou d'un ambitieux Sec-
» taire? quelle douceur, quelle pureté
» dans fes mœurs! quelle grace tou-
» chante dans fes inftructions! quelle
» élévation dans fes maximes! quelle
» profonde fageffe dans fes difcours!
» quelle prefence d'efprit! quelle juf-
» teffe dans fes réponfes! quel empire
» fur fes paffions! Où eft l'homme, où
» eft le fage qui fait agir, fouffrir, &
» mourir fans foibleffe, & fans often-
» tation?

» Quand Platon peint fon jufte ima-
» ginaire couvert de tout l'oprobre du

» crime & digne de tous les prix de
» la vertu ; il peint trait pour trait Jesus-
» Christ. La reſſemblance eſt ſi frapan-
» te, que tous les Peres l'ont ſentie,
» & qu'il n'eſt pas poſſible de s'y trom-
» per Quels préjugés, quel aveugle-
» ment ne faut-il pas avoir pour oſer
» comparer le Fils Sophroniſque au
» Fils de Marie ! quelle diſtance de
» l'un à l'autre ! Socrate mourant ſans
» douleur, ſans ignominie, ſoutint
» aiſément juſqu'au bout ſon perſon-
» nage ; & ſi cette facile mort n'eût
» honoré ſa vie, on douteroit ſi Socrate
» avec tout ſon eſprit, fut autre choſe
» qu'un Sophiſte. D'autres avant lui
» l'avoient miſe en pratique. Ariſtide
» avoit été juſte avant que Socrate eût
» dit ce que c'étoit que juſtice. Mais
» où Jeſus avoit-il pris chez les ſiens
» cette morale élevée & pure, dont lui
» ſeul a donné les leçons & l'éxemple ?
» Du ſein du plus fameux Fanatiſme,
» la plus haute ſageſſe ſe fait entendre,
» & la ſimplicité des plus héroïques
» vertus honore le plus vil de tous les
» Peuples. La mort de Socrate, phi-
» loſophant tranquillement avec ſes
» amis, eſt la plus douce qu'on puiſſe

» defirer ; celle de Jefus expirant dans
» les tourmens , injurié, raillé, maudit
» de tout un Peuple , eſt la plus hor-
» rible qu'on puiſſe craindre. Socrate
» prenant la coupe empoiſonnée bénit
» celui qui la lui preſente & qui
» pleure ; Jefus au milieu d'un ſuplice
» affreux , prie pour ſes Bourreaux
» acharnés. Oui , ſi la vie & la mort de
» Socrate ſont d'un Sage , la vie & la
» mort de Jefus ſont d'un Dieu.

» Dirons - nous que l'Hiſtoire de
» l'Evangile eſt inventé à plaiſir ; ah !
» mon ami , ce n'eſt pas ainſi qu'on
» invente ; & les faits de Socrate , dont
» perſonne ne doute , ſont moins atteſ-
» tés que ceux de Jefus - Chriſt. Au
» fond c'eſt reculer la difficulté , ſans
» la détruire. Il feroit plus inconceva-
» ble que pluſieurs hommes d'accord
» euſſent fabriqué l'Evangile , qu'il
» ne l'eſt qu'un feul en ait fourni le
» ſujet. Jamais des Auteurs Juifs n'euſ-
» fent trouvé ni ce ton , ni cette mo-
» rale , & l'Evangile a des caractéres
» de vérité ſi grands , ſi frapans , ſi
» parfaitement inimitables , que l'In-
» venteur en feroit plus étonnant que le
» Héros.

Quel aveu ! nous en prenons acte. Si
cet aveu se trouve ensuite démenti
par l'Auteur même, il n'en est que
plus fort & plus concluant. On voit en
effet que la vérité force ici ses plus
grands ennemis de lui rendre hommage,
& qu'il échape à la raison malgré les
préjugés dont on l'offusque, les plus
beaux témoignages en faveur de Jesus-
Christ.

On a beau objecter qu'il y a eu trente
Evangiles différens, & que tous ces
Evangiles sont un ouvrage de Secte &
de Parti : sans alléguer ici en réponse
mille raisons que je pourrois déduire,
& qu'on trouve éparses dans mille volumes divers, je m'en tiens aux paroles
du fameux Auteur que j'ai déja cité,
ce que je répéte avec complaisance.
» Dirons-nous que l'histoire de l'E-
» vangile est inventée à plaisir ? ce
» n'est pas ainsi qu'on invente. Il seroit
» plus inconcevable que plusieurs hom-
» mes eussent fabriqué ce Livre, qu'il
» ne l'est qu'un seul en ait fourni le
» sujet.

Ajoutez à ces traits que la Religion
Chrétienne, toujours combattue par
des ennemis publics & puissans, auroit

été mille & mille fois confondue par
des ouvrages péremptoires, si elle s'é-
toit apuyée sur un Evangile fait à plaisir.
Les Juifs & les Payens avoient bien
plus de moyens de perpétuer leurs
Ecrits que les Chrétiens ; toujours
poursuivis, & toujours obligés de se
cacher. On auroit donc vu des témoins
de toute condition, de tout âge s'élever
contre les Apôtres, les convaincre
d'imposture, & d'autant mieux, qu'il
éxistoit alors des hommes qui avoient
connu J. C., & qui savoient les circonstances de sa vie & de sa mort.

Cependant aucun témoin de cette
espéce n'a paru, & tous les Juifs se
taisent, lorsque Paul, plein de zèle &
de courage, leur reproche d'avoir mis
à mort le fils de Dieu, lorsqu'il leur
rapelle ses vertus, ses miracles & sa
puissance, lorsqu'il leur parle enfin de
sa résurrection. Je vous le demande,
eût-il osé traiter cette matiére, si Jesus-Christ n'eût pas été la sainteté
même?

Quelle nuée de témoins qui attestent
la Divinité du Christ ! Cinq cens freres
meurent au milieu des suplices les plus

cruels en preuve de cette vérité , & ce font cinq cens Freres ou Difciples qui affurent avoir vu Jefus-Chrift reffufcité, l'avoir vû monter au Ciel; & ce font cinq cens Freres incapables par leur candeur & par leur fimplicité de former un parti , & dont les offemens prophétifent après leur mort , & deviennent le germe du Chriftianifme.

Dès qu'Arius paroît , toute l'Eglife fe fouléve , quoiqu'Arius donnât en aparence les plus grands titres au Meffie , & l'égalât prefqu'à Dieu ; mais cela ne fuffifoit pas aux yeux de l'Eglife toujours affiftée de l'Efprit faint , & qui ne fubfifte que parce que Jefus-Chrift eft réellement Dieu , & qu'il l'a dotée de toutes les richeffes qu'un Dieu feul peut donner. Le nouveau Teftament , cette Loi fi parfaite & fi fainte , n'auroit rien de plus que l'Ancien , fi le Légiflateur des Chrétiens n'étoit qu'une créature comme Moyfe & comme Jofué.

Eh ! d'ailleurs comment une créature auroit-elle pu fatisfaire au Créateur d'une maniére infinie ; comment auroit-elle pu réconcilier le Ciel avec

la Terre, & pacifier toutes choses par
son sang ? Qui connoît la grandeur de
la Divinité, & ce que Sa Majesté
offensée a droit d'éxiger, conçoit qu'il
n'y avoit que l'infini qui pût satisfaire
à l'infini, réparer enfin la faute d'A-
dam, & nous ouvrir les portes de l'E-
ternité.

Lorsqu'il est dit dans l'Ecriture,
que le Fils a été envoyé : cette Mission
ne supose ni dépendance ni infériorité ;
mais elle marque seulement l'émanation du Verbe qui est engendré par le
Pere ; & elle énonce ce qui se fait au-
dehors, en un mot, les effets sensibles
tels que l'Aparition de Jesus-Christ
dans un lieu.

Si l'on vous objecte que tous les
hommes ensemble ne sont pas capables
d'offenser Dieu, & que la Divinité
trop grande & trop élevée, se dégra-
deroit en paroissant sensible aux outrages
des foibles mortels : répondez que le
Créateur sans doute n'attend pas des
créatures ni sa gloire ni son bonheur ;
mais qu'on se rend coupable, dès qu'on
renverse l'ordre qu'il a établi ; que s'il
veut bien considérer nos bonnes œuvres
pour les récompenser, il doit par la

même raison considérer nos mauvaises actions pour les punir ; qu'il est jaloux des hommages d'une ame qu'il a rendue immortelle, & qu'il n'a créée que pour le connoître & pour l'aimer ; que tous les hommes ne vivant & n'éxistant qu'en lui & par lui, ils ne doivent agir que pour lui : qu'enfin Dieu manqueroit à sa miséricorde & à sa justice, s'il nous abandonnoit à nous-mêmes & à tous les hazards des passions & du sort, après nous avoir formés d'une maniére si excellente, & nous avoir remplis de tant de dons si éminens & si merveilleux.

Je conviens que le bienfait inestimable de l'Incarnation deviendra inutile à des Nations entiéres, & que conséquemment elles périront puisqu'il n'y a point d'autre nom que celui de Jesus-Christ par lequel on puisse être sauvé, puisqu'il seroit mort inutilement si l'on pouvoit entrer au Ciel sans le connoître & sans l'adorer; mais n'est-ce pas la faute des hommes, s'ils ignorent ce divin Médiateur. L'Univers atteste que le Christianisme a été prêché dans toutes les parties du monde, & que les Apôtres eux-mêmes

mes se répandirent jusqu'aux extrê-
mités de la terre pour annoncer Jesus-
Christ ; on trouve encore des traces
de cette auguste Mission jusques dans les
cérémonies superstitieuses & barbares
des Payens & des Infidèles, jusques
dans leur croyance. Ainsi c'est leur
faute, ou celle de leurs Peres, s'ils
ont laissé éteindre le rayon de lumiére
que l'Evangile prêché de toutes parts
avoit fait luire à leurs yeux. D'ailleurs
on se rend indigne de connoître Jesus-
Christ, lorsqu'on ne pratique pas la
Loi naturelle, cette Loi que Dieu a
gravée dans tous les cœurs ; & combien n'y en a-t'il pas qui la transgres-
sent, & qui méritent par conséquent
d'être envelopés dans les ténébres &
dans la corruption où ils sont !

Quand Saint Thomas dit que Dieu
enverroit plutôt un Ange à ceux qui
ont été fidèles à remplir les devoirs de
la Loi de nature, que de ne pas leur ré-
véler le Mystére de la révélation, il
ne prétend pas restreindre le pouvoir
du Tout-Puissant à la mission de cet
Ange, mais seulement nous aprendre
que le Seigneur ne permettra jamais
que ceux qui le cherchent avec un

cœur droit, périssent, & qu'il a mille moyens pour leur faire connoître la véritable voie du salut. En effet, ne peut-il pas éclairer un infidèle au moment même de la mort, & lui faire naître le desir du baptême, ce précieux desir qui suplée au Sacrement, & qui suffit pour nous sauver.

Mais la venue de Jesus-Christ n'est pas un événement assez ignoré pour qu'elle n'éxige des recherches de la part de ceux qui en ont entendu parler. Que de monumens érigés de toutes parts en preuve de ce fait : fait, comme le dit l'Auteur d'Emile que nous citons toujours volontiers, *bien plus avéré que la mort de Socrate dont personne ne doute.*

Concluez donc, malgré toutes les objections des Incrédules, ou plutôt leurs blasphêmes, car ils ne sçavent que blasphêmer ; concluez que Jesus-Christ est véritablement Dieu comme son Pere, & que les prophéties qui l'annoncent, que les œuvres qui le caractérisent, & sa gloire qui subsiste indépendamment de toutes les tempêtes & de toutes les persécutions, prouvent sa Divinité d'une maniére incontestable ; concluez que les ombres de la Religion font des ténébres majestueuses, qui en relévent l'éclat au lieu de le diminuer.

Jefus-Chrift ne promet la converfion de l'Univers, le triomphe de la Croix, la docilité des Peuples de la terre, des Philofophes, des Céfars, & des Tyrans mêmes, que parce qu'il parle en Dieu, qui tient le cœur des hommes entre fes mains, & qu'il fait tout ce qu'il veut ?

Renverfez le fondement qui eft le Seigneur Jefus, Fils éternel du Dieu vivant & Dieu lui-même, & tout le Chriftianifme écroule ; tous les Martyrs ne font plus que des Idolâtres, eux qui expirérent pour ne pas facrifier aux Idoles ; tous les Saints ne font plus que des fanatiques, & les Perfécuteurs de la Religion ont été les défenfeurs de la juftice & de la gloire divine. Mais, ô mon Dieu, qui ofera le dire, & qui pourra le penfer, finon ces monftres anathématifés dont tous les fiécles, & dont nos hiftoires ne fe fouviennent qu'avec horreur.

Pour nous, heureufement éclairés des lumiéres de la Foi, nous mettons

tout notre bonheur à adorer Jesus-Christ
notre Médiateur & notre Chef, & à
l'apercevoir dans tous les Pseaumes,
ainsi que de célébres Ecrivains nous
l'ont démontré dans ces derniers tems,
où ils semblent avoir été suscités de
Dieu même, pour faire connoître le
véritable esprit de la Religion, & pour
ranimer la piété envers Jesus-Christ,
dont tant de plumes sacriléges ont attaqué la Divinité.

CHAPITRE V.

De l'autorité de l'Eglise.

IL n'y a jamais eu, & il n'y aura
amais que la Société fondée par Jesus-
Christ même, qui puisse s'aplaudir de
son indéfectibilité. Tous les Empires ont
fini, toutes les Nations ont successi-
vement disparu excepté les Juifs, parce
qu'ils doivent entrer un jour dans la
structure de l'Eglise, pour en être des
pierres vivantes. Cherchez les Grecs,
cherchez les Romains, & vous n'en
trouverez de vestiges que dans quel-

ques monumens la plûpart mutilés, défigurés, & qui tous ne fervent qu'à attefter que ces deux Peuples autrefois fi fameux n'éxiftent plus. Il convenoit fans doute que les feuls fondemens de l'Eglife fuffent éternels, Dieu lui-même en étant l'Architecte.

Si cette divine Eglife nous offre fes titres: quelle grandeur, & quelle ancienneté! Ce ne font point ici dès chiméres enfantées par l'orgueil, & dont on ne découvre ni la trace ni l'origine; nous apercevons une généa-logie de Saints qui remonte jufqu'au premier homme, & une multitude de prérogatives & de promeffes qui chez les Prophêtes comme chez les Apôtres, annoncent l'Eglife, & la caractérifent: l'Epoufe de Jefus-Chrift. Tantôt elle eft apellée la Chaire de vérité; tantôt l'Arche fainte hors laquelle il n'y a ni foi, ni falut; tantôt la pierre folide contre laquelle toutes les portes de l'enfer viennent fe brifer, & tantôt le Livre myftérieux des fept fceaux, le règne de Dieu, l'affemblée des Fidèles, le Troupeau chéri. Autant de qualités effectives qui ne font point données de la part des hommes, mais

de la part de Dieu même, qui glorifie
son Eglise à la face des Nations, qui
la déclare pour jamais l'objet de ses
complaisances & de ses soins, & qui
la montre à tout instant comme l'hé-
ritage qu'il s'est acquis par son propre
sang. C'est là que les Elus se forment,
& s'accroissent jusqu'au moment de la
maturité qui leur ouvre le Ciel, &
qui les incorpore avec le Christ dont
ils deviennent les membres & la con-
quête.

Parcourez les Histoires, & vous verrez le Peuple de Dieu le plus ancien
& le plus privilégié, à moins d'adopter les rêveries Chinoises qui ne sont
particuliéres qu'à cette Nation, & que
la Tradition universelle dément & ré-
prouve comme l'ouvrage de l'extravagance & de la vanité : mais irons-nous
chez un Peuple idolâtre, chercher les
preuves de ce que nous devons croire &
espérer ?

Le fruit de la mort de Jesus-Christ
ne se conçoit qu'autant qu'il régne une
autorité toujours subsistante & toujours
visible, qui enseigne & prêche toute
vérité ; autrement le Sauveur des hommes seroit mort en vain, & l'incrédu-

lité auroit raison de conter les avantages qui réfultent de l'Incarnation ; mais
l'Eglife en faifant voir comme la mon-
tagne fainte, aprend à tous les mortels où eft leur efpérance & leur falut.
On n'a plus befoin de recherches &
de difcuffions, c'eft-à-dire, de ces
éxamens dont les trois quarts des hommes ne font pas capables. L'Eglife
affemblée, ou difperfée, parle, elle
prononce ; & fes oracles qu'on fçait être
émanés de Dieu même, fixent la croyance, & deviennent la régle de nos mœurs
& de notre foi.

C'eft ici le triomphe de l'Eglife.
Opofez-la en effet à toutes les Sectes
qui fe font féparées de fa communion,
& bien-tôt vous verrez que les unes
n'ayant duré que quelques fiécles, les
autres quelques années, que celle-ci
n'étant concentrées que dans une partie
du monde, que celle-là n'ayant pour
tout empire qu'un Royaume, & fouvent une Province, fervent d'une maniére frapante à relever la gloire de
l'Eglife ; cette Société, qui fans limi-
tes de tems & de lieux, s'étend depuis
l'Orient jufqu'à l'Occident, & ne doit
finir ici bas, que pour aller s'unir à la

troupe des Anges & des Saints.

L'esprit de mensonge, qui dès la naissance de l'Evangile, n'a cessé d'attaquer l'Eglise & de la déchirer, ne doit servir qu'à affermir votre foi, & à vous faire connoître que l'Eglise de Jesus-Christ n'a rien à craindre des cabales & des révolutions. Si vous suivez d'âge en âge les progrès du Christianisme, vous serez étonné, & consolé à la vue des prodiges qui s'opérent en sa faveur. Tantôt désarmant les Tyrans par sa patience & par sa douceur, elle triomphe de toute la fureur des persécutions ; & tantôt confondant les Hérésiarques par la plume de ses Docteurs, elle foudroie les vices & les erreurs. Où est la société qui puisse se vanter d'avoir enfanté des Martyrs semblables à ceux de l'Eglise, c'est-à-dire, des témoins qui ont scellé de leur sang ce qu'ils avoient vu & entendu ? où est la Société, qui ait produit des lumiéres comparables à celles de l'Eglise, & en aussi grand nombre ? Quand Tertullien s'éteint, Saint Justin brille ; quand Ambroise meurt, Augustin paroît ; quand Bernard n'est plus, Thomas fleurit : & ainsi, de siécle

cle en siécle, des prodiges de science
& de sainteté s'élévent sur les ruines
de la corruption & de l'hérésie, & fra-
pent d'une malédiction éternelle quiconque ose se déclarer l'ennemi de Jesus-Christ. Où est la Société, qui par
des assemblées qui font époque dans
l'Histoire profane, comme dans l'Histoire sainte, conserve sans altération sa
morale & ses dogmes, si ce n'est la Communion Romaine ? Où est la Société
qui ait comme elle, un Chef invisible
qui influe sur tous les membres, & un
Chef visible établi par Jesus-Christ
même, pour être le centre de la vérité
& de l'unité ? Où est la Société, qui,
comme elle, puisse montrer à la terre
une Milice aussi sainte & aussi nom-
breuse, Milice qui, sous diverses régles & diverses formes, tend au même
but, & réunit toutes ses forces & toutes
ses lumiéres pour étendre la Foi ? Où
est la Société, qui, comme elle, puisse
montrer à la terre des écrits en tout genre & en toutes les langues, où l'on trouve la science la plus profonde & la plus
éminente charité, écrits qui élévent l'a-
me, qui l'embrasent & qui la vivifient ?
Où est la Société, qui, comme elle,

L

envoie des Apôtres chez toutes les Nations , & dont l'enseignement soit aussi
public , aussi uniforme, aussi universel ?
Où est enfin la Société, qui, comme l'E-
glise Catholique , offre aux yeux des
mortels autant de temples, autant d'Autels , autant de Monumens de piété ,
& qui se distingue comme elle par l'é-
lévation de ses priéres , par la sublimité
de ses instructions , par la solemnité de
ses Fêtes , par la pompe de ses cérémonies ? Tout y parle , tout y pénétre , tout y ravit. On croiroit que la
terre a disparu , que le régne du Ciel
a commencé , & qu'on jouit déja de la
félicité des bienheureux dont les canti-
ques & les encensemens ne sont inter-
rompus ni par la nuit ni par les besoins.

J'ose assurer à ce sujet , qu'un homme qui n'auroit jamais entendu parler
des Religions qu'en général , sans avoir
su jusqu'à trente ans quelle est la véritable , & qu'on enverroit alors parcourir le monde à dessein de la découvrir , se décideroit infailliblement pour
les Catholiques. Quelle Majesté dans
leur culte ! quelle impression de vérité !
C'est ici qu'on peut bien s'écrier avec
a Bruyere : il faut avouer que si notre

Religion n'étoit pas vraie, le piége ne pouvoit mieux être tendu, & que tout homme d'esprit y seroit sûrement pris.

Il y a des scandales, me direz-vous; mais s'il n'y en avoit point, c'est alors que vous devriez suspecter l'Eglise de n'être pas la Société sainte; car c'est d'elle dont Jesus-Christ a dit qu'il y auroit dans son sein des scandales & des hérésies, parce qu'il étoit nécessaire qu'il y en eût. Rien n'est plus propre à nous tenir inviolablement attachés à l'Eglise, que les prédictions & les promesses: & de même que les premiers Chrétiens croyoient, contre toute aparence, à la vue des miracles, que l'Evangile seroit prêché par tout le monde, & triompheroit de tout obstacle; vous devez croire en voyant ces choses accomplies, que les miracles ont été réels, & que le Christianisme par conséquent est l'ouvrage même de la Divinité. Ainsi les vérités viennent à l'apui les unes des autres, & l'on ne manque pas d'en apercevoir la chaîne, lorsqu'on a un esprit juste, & un cœur droit.

Si l'on ne peut être confirmé en grace que dans l'autre vie, avez-vous raison de douter & de vous scandaliser, parce que vous apercevez des crimes & des erreurs? Jesus-Christ ne vous a-t'il pas prévenus contre ce scandale en permettant la trahison de Judas, & le reniement de S. Pierre? c'est la prérogative de la Jérusalem céleste, où tout sera pur, où tout sera saint, où la charité seule régnera. Les Monarques en seroient-ils moins Rois, s'ils devenoient tyrans? Non sans doute: & comme le caractére & l'autorité ne s'effacent jamais dans l'auguste personne des Souverains, de même la voix des Pontifes est toujours respectable, quoique leurs mœurs ne soient point d'accord avec leur doctrine. Ils sont les uns & les autres les oints du Seigneur, & maudit est quiconque ose parler contr'eux.

Mais si nous devions abandonner une Société, parce qu'il y a des vices, bientôt nous serions réduits à ne voir ni parens ni amis, à nous éxiler enfin du monde entier. Que ne voyons-nous pas dans nos maisons? tristes maisons! déplorables familles! combien y aperçoit-on de vengeance, de haine, d'ambition, de cupidité? Que ne voyons-nous pas dans nos Villes? tristes Vil-

les , déplorables Sociétés ! combien n'y
trouve-t'on pas de calomnies , d'injuf-
tices , de vols , de fornications , d'adul-
téres. Toute chair paroît avoir corrom-
pu fa voix. La candeur ne fe rencontre
plus même parmi les Laboureurs. Une
contrée fe fait gloire de renchérir fur
l'autre en luxe , en débauche & en
vanité , & on ne fait plus l'éloge d'un
pays , qu'autant que la fcience & que
l'irreligion qu'on apelle *Liberté de penfer* , y font en honneur.

Eh , vive Dieu , pourroient vous
dire nos Pafteurs avec Elie , dont nous
leur fouhaitons le zèle & le courage ;
ce ne font ni nous , ni les Prophétes qui
nous font unis , mais vous , & la mai-
fon de votre pere , qui caufez les
fcandales.

J'ajouterai que l'Eglife , toujours
oracle de la vérité , toujours ennemie
des vices & des erreurs , ne ceffe de
crier contre les crimes & les menfonges , & qu'on lui eft réellement redevable , fi le mal n'eft pas encore uni-
verfel. Sa voix , quoiqu'aujourd'hui peu
entendue , & même méprifée par un
grand nombre , empêche encore bien
des défordres. Otez cette digue , s'il

étoit possible, & le torrent des crimes
couvriroit la surface de la terre.

Cette divine Eglise est la toison de
Gédéon qui se conserve séche, pendant
que toute la campagne se trouve inon-
dée. Il n'y a qu'elle qui puisse se glori-
fier de posséder des Saints, puisque sans
la foi, ce don précieux que n'ont point
toutes les Sectes, on ne peut absolument plaire à Dieu.

Jesus-Christ, en établissant l'Eglise, lui promit l'assistance continuelle
de l'Esprit saint, & la dota comme
son Epouse bien aimée de toutes les ri-
chesses de sa grace, jusqu'au point de
donner à ses Enfans sa chair adorable
pour nourriture, & son sang pour breuvage. C'est aux Pasteurs de cette Eglise
qu'il a dit, dans les termes les plus
clairs & les plus précis, *qu'il seroit
avec eux tous les jours de leur vie jusqu'à la consommation des siécles;* ce qui
prouve en même tems, & l'infaillibi-
lité de l'Eglise & son indéfectibilité;
c'est à ceux qu'il a dit : " Que qui les
» écoute l'écoute, & qui les méprise,
» le méprise ; c'est à eux qu'il a dit :
» que tout ce qu'ils lieroient & dé-
» lieroient sur terre, seroit lié & délié

» dans les Cieux , que tous les pé-
» chés qu'ils remettroient ou retien-
» droient feroient remis ou retenus ;
» c'eſt à eux qu'il a dit : que quicon-
» que n'écoutoit pas l'Egliſe , devoit
» être regardé comme un Publicain
» & comme un Payen » ; c'eſt enfin à
Pierre , dont tous les Papes ſont les
ſucceſſeurs, qu'il a déclaré : » qu'il
» fondoit l'Egliſe ſur cette pierre , &
» que les puiſſances de l'enfer ne pour-
» roient jamais la renverſer.

Quels priviléges ! quels titres ! &
combien ne faut-il pas être aveugle pour
ne pas les apercevoir ! ſi Jeſus-Chriſt
doit être tous les jours avec ſon Egliſe ,
elle n'a donc pu errer ; & ſi elle n'a
point erré , les hommes qui ſortent de
ſon ſein ſont donc néceſſairement des
rebelles , des novateurs , des profanes ,
& des impies.

On n'apartient à l'Egliſe qu'autant
qu'on reconnoît pour Chef inviſible
Jeſus-Chriſt qui ne ceſſe de la conſer-
ver , de l'aſſiſter , de la vivifier ; qu'autant qu'on profeſſe tout ce qu'elle enſeigne , & qu'on condamne tout ce
qu'elle proſcrit ; qu'autant qu'on eſt
uni de cœur & d'eſprit au ſouverain

Pontife Vicaire de Jesus-Christ, & qui se trouvant de droit divin le Chef des Evêques, convoque les Conciles, y préside, & siége au centre de l'unité.

Les Fidèles par ce moyen communiquent avec leurs Curés, les Curés avec leurs Evêques, & tous avec le Pape; & voilà cet admirable & saint concert, qui forme l'auguste assemblée des vrais Chrétiens, qui tous instruits des mêmes vérités professent dans les quatre coins du monde une doctrine uniforme & constante, que l'erreur ne peut entamer; & voilà ce qui justifie nos plus simples Fidèles, du reproche qu'on leur fait de croire sans pouvoir rendre raison de leur foi.

En effet, l'homme le plus ignorant parmi les Catholiques en sait assez pour être instruit qu'il éxiste un Pape; que ce Pape est le Chef de l'Eglise, que ce Chef de l'Eglise remonte jusqu'à Saint Pierre par succession : il en fait assez pour connoître que son Curé enseigne le même Catéchisme que son Evêque, & que ce Catéchisme ne contient pas d'autre croyance que celle de tous les Prélats, & que tous les Pasteurs qui sont morts, ainsi que tous

ceux qui viendront par la suite profef-
feront la même foi ; il en fçait affez
pour connoître que cette foi n'a point
varié, & que fon Pere, ainfi que fon
grand Pere, fon Bifayeul, & tous
fes ancêtres, ont vécu dans cette même communion.

Il n'en eft pas ainfi du Proteftant,
qui aperçoit prefqu'autant de Sectes
différentes que de Paroiffes, qui n'i-
gnore pas que fes Peres étoient autrefois unis au Pape & aux Evêques, &
qu'ils s'en font féparés ; qui voit encore fous fes yeux des croix & des
ftatues qui lui annoncent que fa foi
a changé ; qui entend prefque tous les
Dimanches de la bouche de fon Mi-
niftre, des inftructions qui lui parlent
de ce changement, & qui doivent tout
au moins lui caufer quelques doutes,
& peut-être quelqu'envie de s'inftruire
d'un pareil fait.

D'ailleurs, la croyance du Proteftant eft ifolée. Il ne voit point comme le Catholique cette nuée de Chefs
& de Pafteurs qui l'environnent de
toutes parts, cette chaîne fans interruption qui l'unit aux Apôtres ; il n'a
point comme lui ces fecours & ces

apuis que l'Eglise Romaine fournit à toute heure, & si abondamment à ceux qui vivent dans son sein. On aura beau lui dire que c'est nous qui nous sommes séparés, les vestiges de nos cérémonies & de nos images, encore imprimés sur les pierres & sur les vîtres du Temple où il prie, lui annonceront le contraire, & la tradition de son propre pays ne cessera de l'avertir qu'autrefois, on y étoit Catholique, & que c'est depuis tel tems qu'on a abjuré cette Religion, pour faire une petite Eglise à part.

Ces réfléxions sont sensibles, & elles se presentent à tout homme qui veut penser. Il n'y a que division parmi les Protestans : en combien de Sectes ne sont-ils pas partagés : on trouve parmi eux, Calvinistes, Luthériens, Sociniens, Kaquers, Episcopaux, Presbytériens, &c. Eh, quel moyen de connoître la vérité au milieu de tant de Schismes & d'opinions ! Il n'en est pas ainsi de la vraie Eglise, où il est toujours facile de discerner ce qu'on doit croire & rejetter. Si quelque Novateur vient à paroître, aussitôt le cri de la foi repousse la nou-

veauté, & l'Eglise instruite du scandale en arrête les progrès, soit dans
un Concile, soit dans l'unanimité des
Evêques qui se réunissent pour fou-
droyer l'hérésie.

Considérez attentivement cette maniére de faire retentir dans l'Eglise
tout ce qui peut l'intéresser, & vous
verrez que l'erreur ne peut y prévaloir.
Si quelques Evêques sont séduits comme à Rimini du tems de l'Arianisme,
bientôt la vérité reprend ses droits,
vérité qu'on reconnoît toujours dans
l'enseignement de tous les Diocèses,
dans la prédication publique, dans les
Canons, les Liturgies, dans les Ecrits
des Peres & des Docteurs, & dans la
Tradition.

Aussi ceux qui ont prétendu que
l'Eglise avoit innové dans sa foi, soit
sur le Mystére de la Trinité, soit sur
celui de l'Eucharistie, soit dans le
nombre des Sacremens, sont des vision-
naires, ou des imposteurs qu'on ne
doit seulement pas écouter. Quel bruit!
quelle reclamation ne séroit-ce pas
dans nos Eglises, si quelque Pasteur
osoit s'aviser de dire aujourd'hui que
nous avons huit Sacremens, & d'autres

absurdités de cette espéce ; & l'on veut qu'on ait pu persuader tout-à-coup, & à tous les Fidèles, & cela sans scandale, sans étonnement, sans émotion, que Jesus-Christ étoit vraiment Dieu, tandis qu'on ne l'auroit regardé que comme une simple créature ; que la Messe étoit le sacrifice réel de son Corps & de son Sang adorable, lorsque ce n'en auroit été que la figure ; que le Mariage, l'Ordre, la Pénitence, la Confirmation, l'Extrême-Onction étoient des Sacremens, quand ce n'auroient été que de simples cérémonies.

Ah ! si ces supositions réellement pitoyables étoient fondées, de combien d'écrits à ce sujet l'Univers ne seroit-il pas rempli ! on sauroit le jour & le lieu où l'Eglise auroit changé sa croyance, & cette époque seroit aussi connue que le Concile de Trente. Reconnoissons ici qu'il ne faut pour confondre l'incrédulité, que la montrer à elle-même.

Ainsi lorsque nos Philosophes modernes avancent que les trois premiers siécles furent Ariens, ils ne prouvent en cela que leur ignorance ou leur

mauvaise foi ; ainsi lorsque les Protestans soutiennent que l'Eglise croyoit
autrefois que le Sacrement de l'Autel
n'étoit qu'une figure , que le Purgatoire est une invention des Moines , ils
ne font voir qu'un esprit de révolte &
d'obstination. S'ils vouloient se dépouiller de tout préjugé , ils verroient que
le Livre des Machabées , dit clairement *qu'il est salutaire de prier pour les
morts* , ils verroient que l'Evangile
parle *de péchés remis dans ce monde &
dans l'autre* , ils verroient enfin que le
grand Augustin fit offrir le sacrifice
de la Messe pour le repos de l'ame de
Monique sa Mere.

Si des superstitions se sont introdui-
tes en divers lieux , c'est l'injustice la
plus criante de les attribuer à l'Eglise ,
elle qui dans ses Conciles , & par la
voix de ses Pasteurs , ne cesse de tonner contre les abus. Ses Canons dressés
d'âge en âge , & avec une sagesse qui
prouve l'assistance de l'Esprit saint ,
n'ont pour but que l'extirpation des
scandales & des superstitions.

Le Concile de Trente, ce saint Concile que nos Peres avoient presque vu ,

tant il étoit proche du siécle où ils
vivoient, ne cesse de recommander aux
Pasteurs une vigilance éclairée pour
empêcher les excès d'une dévotion
mal-entendue, & les effets de la cupidité. Il veut que les Evêques éxa-
minent avec soin toutes les nouveautés qui pourront s'introduire, &
qu'ils les abolissent ; qu'ils préchent
continuellement que l'invocation des
Saints *est seulement bonne & utile, que
leurs images ne renferment aucune vertu,
qu'il n'y a réellement que la médiation
de Jesus-Christ qui soit absolument nécessaire*, & qu'ils aprennent enfin aux Peuples qui leur sont confiés, à distin-
guer ce qui n'est que d'opinion, de ce
qui est de foi.

Lisez les *Discours de M. Fleury sur
l'Histoire Ecclésiastique*, *l'Exposition
de la foi du grand Evêque de Meaux*,
& vous connoîtrez le véritable esprit
de l'Eglise, & si l'on peut faire re-
tomber sur la Religion le relâchement
& la superstition. Toujours elle ana-
thématisa ceux qui voulurent innover ;
& c'est par cette raison même qu'elle a
frapé de malédiction les Calvinistes &

les Luthériens, de forte qu'ils devroient rougir de lui reprocher fa tolérance pour les erreurs.

L'autorité de l'Eglife fe prouve & par la connexion de fon établiffement & de fa confiftance avec les Prophéties & par les prérogatives dont Jefus-Chrift l'a revêtue, & par tous les dons qu'il lui a communiqués & dont l'Evangile nous eft garant, & par les décifions de fes Conciles, & par la fageffe de fes loix qui toujours les mêmes, & qui toujours publiquement & folemnellement enfeignées, ne refpirent que vérité & fainteté. C'eft fur ces preuves fondaméntales qu'on doit éxaminer l'autorité de l'Eglife, qui bien différente des Sectes féparées de fa Communion, ne laiffe point à chacun de fes enfans le droit d'interpréter & de commenter l'Ecriture à leur gré, & n'attend point d'une Puiffance féculiére fes décifions en matiére de foi.

L'autorité de l'Eglife eft toute fpirituelle, & il n'y a que fes Pafteurs unis à leur Chef qui aient droit de juger de la doctrine & d'inftruire les Peuples. Ce font eux que Dieu a envoyés, & qui remontant jufqu'aux Apôtres par une ordination licite & valide, forment réellement & visiblement la Société même de Jesus-Christ.

Pourroit-on se tromper sur cette visibilité? Elle a des caractéres, si frapans, qu'au tems même de plus grandes persécutions elle s'annonçoit de toutes parts. Toujours l'Eglise paroît, & toujours sa voix se fit entendre. Elle brilloit aux pieds de la croix dans la personne de S. Jean, dans tous les Apôtres après la mort du Sauveur, dans les Martyrs sous le régne des Dioclétien & des Décius. Elle faisoit entendre sa voix sur-tout par les Athanase & les Hilaire, lorsque l'Arianisme attaquoit la Consubstantialité du Verbe; par Cyrille lorsque Nestorius contestoit à Marie sa qualité de Mere de Dieu; par Augustin, quand Pelage dépouilloit la grace de sa nécessité, & rendoit l'homme seul arbitre de son salut; par Dominique, quand les Albigeois ravageoient le troupeau du Seigneur; par Bonaventure, quand les Grecs résistoient à l'autorité du Souverain Pontife; par Bossuet, quand les Ministres de la Religion prétendue Réformée, blasphémoient contre l'auguste Sacrement de nos Autels. Quels témoignages!

témoignages ! quelle fucceſſion !

Où eſt la Secte qui puiſſe s'annoncer avec les mêmes preuves , avec le même éclat ? Les Proteſtans , lorſqu'on les preſſe ſur cet article , ô honte , ô aveuglement ! oui les Proteſtans ſont obligés de s'annoncer comme les deſcendans des Albigeois , c'eſt-à-dire , qu'effrayés de leur ſolitude & de leur nouveauté , ils ne rougiſſent pas d'adopter pour Peres & pour Maîtres , des Fanatiques qui ne ſe ſignalérent que par les plus horribles excès , & qui finirent comme tous les Sectaires , après avoir paru quelque-tems ſur la terre , pour accomplir les promeſſes de l'Evangile qui nous annonce des ſcandales & des héréſies.

L'incrédulité a beau s'exhaler en blaſphêmes , elle n'oſeroit comparer l'Egliſe ni à la Société des Payens , où il y eut autant de Dieux que de paſſions , ni à la politique des Empires , dont la force toute humaine fut le principe & le ſoutien , ni à la Religion Mahométane , que les ſeules armes rendirent triomphante, ni au Proteſtantiſme qui ne s'accrut que par amour de l'intérêt & de la ſenſualité. Ah !

M

plutôt que de donner atteinte à la moindre vérité, elle laisse des Royaumes entiers se séparer de sa Communion, & elle s'expose à toutes les tempêtes & à toutes les persécutions.

Aussi n'est-ce que sur l'article des Mystéres & des cérémonies, que l'impiété attaque l'Eglise, & qu'elle ose s'en mocquer. Mais je voudrois bien sçavoir quel est l'insensé, de celui qui borne la Toute-Puissance de l'Etre infini, ou de celui qui la reconnoît & qui l'adore ; de celui qui confesse que les voies de l'Eternel sont impénétrables, ou de celui qui veut les aprofondir, de celui qui ne s'apuie que sur lui-même pour déterminer sa croyance, & pour se décider dans l'affaire épineuse du salut, & qui n'a pour garant de ses opinions, que l'impétuosité de ses passions ; ou de celui qui fonde sa foi sur des nuées de Martyrs & de témoins, sur des prophéties annoncées d'âge en âge, & précieusement conservées jusqu'à nous, sur une tradition non interrompue de vérité toujours les mêmes, & toujours aussi saintes que sublimes : de celui qui s'attribue à lui seul le privilége de l'infaillibité, & qui le conteste

à l'Eglise entiére ; ou de celui qui se
défiant de ses lumiéres, & qui con-
noissant ses ténébres, écoute le jugement du plus saint tribunal qu'il y ait
sur terre : enfin de celui qui se croit
de même nature qué des bêtes ; ou de
celui qui attend une autre vie, & qui
s'éléve jusqu'au Ciel. Il ne faut ni
science, ni génie pour décider cette
question, la raison seule prononce.

Le Paysan le plus grossier & le plus
simple, qui se prosterne devant les Re-
liques des Saints, qui baise religieu-
sement leurs cendres, & que nos beaux
esprits regardent comme un idiot, est
mille fois plus grand qu'eux, plus sublime : car il confesse alors que l'ame
doit survivre au corps ; qu'il y a un
autre monde où Dieu se communique
à ses Elus, que cet Univers n'est qu'une
figure qui passe ; que le Tout-puissant
rendra la vie à la poussiére même, parce que rien ne lui coûte, que les morts
sont presens à ses yeux, ainsi que les
vivans ; qu'enfin nous sommes des êtres
immortels, & que notre immortalité doit
subsister en celui qui nous l'a donnée.

C'est-là sans doute la vraie grandeur,
tandis que le systéme de ne rien croire

& de ne rien espérer, ravale l'homme à la condition des bêtes, & confond son ame avec leur instinct. Non, je ne puis comprendre, & je ne le comprendrai jamais, comment on a qualifié de *Génies*, des personnages qui ne parlent, & qui n'écrivent qu'à dessein de nous matérialiser, & de nous persuader que nous n'avions rien au-dessus du reptile. Avouez-le de bonne foi, il ne peut y avoir que l'extravagance la plus marquée, qui exalte des sentimens aussi bas & aussi peu difficiles à imaginer ; car enfin, est-ce donc un effort d'esprit de répéter des paradoxes tellement usés, qu'on les trouve dans tous les anciens Sophistes, & de dire des absurdités que tout le sens intime dément, & que toute l'expérience contredit ? Ah ! je le vois, les phrases servent de passe-port aux erreurs. Nos incrédules ont un style vif & captieux, une prose épi-grammatique, des saillies brillantes ; & voilà d'où naît le crédit dont ils jouissent, & toute la raison qu'on leur supose. Tout leur sçavoir consiste à bien connoître ce siécle, & à profiter adroitement de son foible, en lui re-presentant sans cesse sous un air d'élégance & de nouveauté, les vieilles erreurs de tous les âges passés.

Que ces considérations aussi sensibles que vraies, vous engagent donc à mépriser l'incrédulité, & à respecter sincérement l'Eglise qui enseigne toute vérité, & qui seule éléve l'homme au rang où il doit être. Le culte qu'elle rend à Dieu n'est point chimérique. Nous n'avons pas l'idée de l'Etre Eternel qui nous a formés, pour effacer une idée si consolante & si précieuse, mais pour en faire l'objet continuel de notre reconnoissance, de notre amour. Or nous ne pouvons véritablement reconnoître les bienfaits du Créateur, & l'aimer, qu'au milieu de la Société sainte qu'il a lui-même établie de la maniére la plus éclatante, & la plus sublime. Toutes les Religions ne peuvent être égales à celui qui est essentiellement un : on ne peut honorer cette divine Unité, qu'en lui rendant un culte uniforme. Autrement il faudroit que Dieu aimât aussi-bien ceux qui pour l'honorer, égorgent leurs propres peres, & commettent les superstitions les plus abominables que les Chrétiens dont toute la pratique est sainte, rai-

sonnable & légitime. Mais qui oseroit
le dire & le penser !

Ah ! rapellez-vous ici tout ce que
l'Eglise a fait pour vous attacher à
Dieu, pour conserver vos mœurs dans
l'innocence, pour vous inspirer cette
piété pure & éclairée, qui ne se nourrit
que des dons du Ciel. Elle ne cesse
jour & nuit d'invoquer la miséricorde
de Dieu sur vous, comme sur une ame
qui lui est réellement précieuse ; elle
vous recommande dans tous ses Sacrifices, & elle vous a en vue dans toutes
ses cérémonies , & dans toutes ses
ses instructions. Vous vous vantez d'a-
voir le cœur bien placé, & de reconnoître les services qu'on vous rend ; si
cela est, pourquoi ne seriez-vous in-
grat qu'envers l'Eglise, cette tendre
Mere qui vous a reçus dès le berceau,
& qui se souviendra de vous, au-delà
même de votre tombeau ? N'écoutez
point les vaines clameurs de l'incrédulité qui ne cesse de publier sans
preuve, comme sans raison, que l'E-
glise n'agit que par intérêt. Hélas !
vous le savez : quelles sommes vous
en a-t'il coûté pour être Catholique,
& pour profiter des graces que cette

divine Eglise répand fur tous les liens, par la médiation de Jefus-Chrift ? Elle ne vous a demandé ni votre argent, ni vos poffeffions ; elle donne *gratis* ce qu'elle a reçu *gratis*, & fi les loix lui ont adjugé des rétributions, ce n'eft que pour le fimple entretien de fes Miniftres & de fes Autels.

Quand les Pafteurs vous invitent à fréquenter les Sacremens, quel autre fruit en retirent-ils, que le falut de votre ame ? On ne les paie ni pour entendre les Confeffions, ni pour donner la Communion, de forte qu'il ne peut y avoir que le zèle de Dieu qui les dévore, lorfqu'ils follicitent les Fidèles à la participation des chofes faintes.

Si les Prêtres vous impofoient des fardeaux qu'ils ne vouluffent pas toucher, alors vous auriez raifon de vous défier de leurs menaces & de leurs invitations ; mais foumis ainfi que vous à toutes les loix de l'Eglife, obligés comme vous de fe confeffer, affujettis comme vous aux jours de jeûne & d'abftinence, en un mot à la pratique de toutes les bonnes œuvres, ils ne vous propofent rien qu'ils ne faffent ou qu'ils ne doivent faire eux-mêmes.

Nul‘ d’entr’eux qui foit éxempt de fe mortifier, de prier , & de croire tout ce que l’Eglife enfeigne. Donc l’autorité de l’Eglife n’eft point fondée fur une multitude de trompeurs qui ne cherchent qu’à féduire , donc l’autorité de l’Eglife émane de Dieu même ; donc lorfqu’elle fait des préceptes , elle n’agit qu’en conféquence du pouvoir qu’elle a reçu de lier & de délier , de remettre les péchés & de les retenir ; donc elle doit nous obliger en tout tems , & parce que nous lui avons voué dès l’inftant de notre baptême une obéiffance fans réferve , & parce qu’elle a tous les caractéres de l’Epoufe de Jefus-Chrift, en qui & par qui elle éxifte, elle agit , & elle éxiftera jufqu’à la fin des fiécles.

L’autorité de l’Eglife ne s’étend pas feulement fur cette terre. Ne faifant qu’un avec celle qui fouffre dans le Purgatoire , & celle qui triomphe dans le Ciel , elle forme le tribunal le plus redoutable & le plus facré ; & Dieu l’a ainfi permis pour ne pas nous expofer à tout vent de doctrine , & pour fixer notre croyance d’une maniére uniforme & conftante : au lieu que les

Proteftans

Proteſtans qui n'ont point d'autre autorité que leur propre ſentiment, peuvent croire tout ce qu'ils s'imaginent,
& ne ſont pas fondés à regarder l'E-
vangile comme un Livre divin. *Je ne
croirois pas à l'Evangile*, dit Saint
Auguſtin, *ſi l'Egliſe ne me diſoit d'y
croire.*

CHAPITRE IV.

De la Miséricorde de Dieu.

TOUT nous parle en nous-mêmes
& hors de nous, des effets de la bonté
divine ; n'eſt-ce pas cette bonté qui
tira l'Univers du néant, qui nous forma
dans le ſein de nos meres, qui nous
reçut en naiſſant, qui ne ceſſe de nous
combler de biens, qui nous couvre
de ſes aîles, qui nous manifeſte la
vérité, qui nous nourrit des paroles
de vie, qui ſe communique à nous
d'une maniére ineſſable, & qui doit
un jour ſe donner à nous ſans réſerve.
Interrogez les générations les plus
éloignées, & toutes vous diront que

la miséricorde du Seigneur s'est répandue d'âge en âge sur tous ceux qui le
craignent , & qu'elle a opéré des
prodiges dont l'énumération seroit infinie.

Qui créa le soleil pour nous éclairer ?
qui fertilisa la terre pour nous sustenter?
qui fendit les rochers en des sources
d'eaux vives? qui peupla l'air & les mers
d'êtres de toute espéce ? qui souffla sur
le limon , & qui fit éclôre nos ames
immortelles ? si ce n'est cette immortelle bonté aussi magnifique que puis-
sante , aussi immense qu'infinie. La
tendresse du pere pour le fils , du mari
pour l'épouse, du fiere pour la sœur,
n'est qu'une émanation de cette miséricorde dont nous sommes les enfans.
Quels biens le Seigneur ne nous a-t'il
pas procurés ? infinis dans leur nombre,
immenses dans leur étendue, inesti-
mables dans leur prix , ils nous élevent, ils nous spiritualisent.

En combien de maniéres , & sous
combien de formes différentes la miséricorde Divine ne se fait-elle pas sentir.
Tantôt sous le nom de Providence , &
tantôt sous celui de grace , elle unit
les bienfaits temporels aux spirituels ,

& il en résulte l'ordre de l'Univers &
le triomphe de l'Eglise. Il n'y a pas
d'instant où Dieu ne sorte de son secret
pour manifester ses dons. L'histoire du
monde n'est que la succession de ses
miracles ; & si, comme le dit Saint
Augustin, nous n'en sommes pas frapés, c'est que l'habitude nous rend
insensibles, *assiduitate viluerunt.*

Mais on ne comprend bien les merveilles du Tout-Puissant que lorsqu'on
est instruit de la révélation. C'est-là
que cette miséricorde infinie, si fécon-
de en prodiges paroît dans tout son
éclat. *Que nous serviroit d'être nés*, dit
encore Saint Augustin, *si nous n'a-
vions été rachetés !* mais Dieu a tellement aimé le monde, qu'il a livré son
propre Fils, & que cette œuvre ineffable qui s'est accomplie au milieu
des tems, a été annoncée & préparée
par les bienfaits les plus signalés.

Ce n'est qu'en considération de ce
grand événement, qu'Adam prévari-
cateur n'est pas exterminé ; que le
monde entier n'est pas noyé dans les
eaux du déluge, & que les Abraham,
les Isaac, les Jacob, les Moyse, les
David sont comblés des plus riches

bénédictions ; que paroît cette succession de Prophêtes qui ne cessent de
consoler le peuple fidèle , cette multitude de prodiges qui attestent la bonté
d'un Dieu toujours present. Les Juifs
n'ouvrent les yeux que pour apercevoir
des miracles , jusqu'au point que la nuit
même leur sert de flambeau : lisez
l'Ancien Testament , & à chaque page
vous serez saisi d'étonnement & d'admiration.

Cependant tout l'apareil de cette
suprême bonté , n'est que l'ombre de
ce qui arrive au moment de l'Incarnation. Le Ciel se fond en rosée , & la
terre entiére est lavée avec le sang de
l'Homme-Dieu ; les pierres se brisent ,
les sépulchres s'ouvrent , les morts ressuscitent , l'Evangile est annoncé de
toutes parts ; le monde se renouvelle ,
les Idoles tombent , la Croix s'éleve ,
les Empires deviennent Chrétiens, c'est-
à-dire , capables de mériter le salut
éternel , & dans un état propre à rece-
voir continuellement des graces , & à
les recouvrer lorsqu'on a eu le malheur de les perdre.

Considérez à ce sujet toutes celles
dont vous avez été comblé, toutes cel-

les qui vous ont préfervé de mille écueils, & qui vous ont fecouru, lorf-que tout paroiffoit défefpéré. C'eft la grace de Dieu, c'eft le témoignage de fon amour qui a parlé au fond de votre ame, toutes les fois que vous avez eu des infpirations ou des remors.

Si malgré tous ces bienfaits, vous doutiez encore de la miféricorde de Dieu ; allez vifiter les Tabernacles, & vous verrez Jefus-Chrift lui-même en qualité d'Hoftie pour expier vos péchés ; allez pénétrer jufqu'au fein des tombeaux, & vous y trouverez des offemens arides & poudreux que la bonté divine doit ranimer, & faire re-fleurir ; allez parcourir ces Royaumes affis dans les ténébres & dans les ombres de la mort, & comparez-les avec celui-ci, où ce n'eft pas la pierre & le bois qui forment l'objet de votre culte, mais le Dieu unique & véritable ; tranfportez-vous en idée dans ce féjour de gloire & de félicité, où les Sain-s incorporés avec Jefus-Chrift leur Chef, vous attendent comme le compagnon de leur félicité, & jouiffent d'une récom-penfe éternelle pour quelques œuvres passagéres qu'ils ont pratiquées. Ainsi l'ame doit s'exciter à reconnoître continuellement les miséricordes du Seigneur , & à le bénir pour toutes les graces dont il nous comble.

Ne croyez donc pas les Déistes lorsqu'ils vous font entendre que les Catholiques , ne presentent Dieu que comme un tyran , que comme un être exterminateur , que comme un juge formidable toujours prêt à lancer des foudres, & à damner tous les humains. Eh ! qui connut mieux que le Chrétien la bonté de Dieu , qui en parle mieux, & aussi souvent ? N'est-ce pas dans le sein de l'Eglise , qu'on professe & qu'on enseigne que quel crime qu'on ait commis on peut en obtenir le pardon, sitôt qu'on se repent sincérement ? N'est-ce pas dans son sein, où l'on ne désespére jamais de la conversion du pécheur ? N'est-ce pas dans son sein où l'on trouve des tribunaux toujours ouverts , & des Ministres toujours prêts à écouter les pénitens ?

Il ne faut pas ici prendre le change. Les Déistes , en ayant toujours au bout de leur plume & sur leurs lévres les mots de *miféricorde* & de *bonté divine*, en ne parlant que de la tendreffe de Dieu & de fa compaffion, en l'apellant continuellement le meilleur des Peres, n'entendent que l'exclufion de toute juftice, qu'une bonté de nonchalance, difons mieux, qu'une indifférence entiére de la part du Créateur à l'égard des actions de fa créature. C'eft par cette raifon qu'ils ne peuvent fouffrir qu'on apelle Dieu comme il s'apelle lui-même, *le vengeur des crimes*, & qu'on le croie capable de punir des blafphêmes, des facriléges & des péchés mortels, par des tourmens éternels, comme fi un Etre vraiment infini dans toutes fes perfections, pouvoit être moins jufte que miféricordieux.

Ces opinions bizarres, ou plutôt ces inepties viennent de ce qu'on n'a point l'idée de la grandeur du Tout-Puiffant; de ce qu'on ignore toute l'énormité d'une créature qui ofe fe révolter contre fon Créateur, toute l'indignité d'un Chrétien qui préfére la jouiffance d'une habitation terreftre, à celle du Royaume des Cieux, d'un Chrétien qui blafphême contre le Chriftianifme, & qui profane le Sang de

Jesus-Chrift même , dont il a été fi fouvent lavé.

La mort de Jesus-Chrift , donne la folution de toutes les objections qu'on forme contre la bonté de Dieu , lorfqu'il punit des pécheurs par des fuplices infinis , & lorfqu'il n'ouvre fon ciel qu'aux Elus. On conçoit alors combien le péché eft abominable , puifqu'il a fallu la mort de l'Homme-Dieu pour l'effacer ; on conçoit qu'ayant été capables de mériter & de démériter , nous fommes dans le cas de faire des œuvres qui louent la Sageffe éternelle , ou qui l'outragent ; on conçoit que quoique le créateur jouiffe d'un bonheur inaltérable , & indépendant des actions de fes créatures , il a pu établir les régles qu'il a voulu , & que puifqu'il a attaché une félicité éternelle à des aumônes , des jeûnes & des priéres , il a dû infliger des peines éternelles à ceux qui n'obfervent point fa loi. Autrement il y auroit du plus & du moins entre la juftice & la miféricorde Divine , & il faut néceffairement égalité , parce que tout eft néceffairement au même dégré de perfection dans un être infini.

Ne nous abuſons donc point, en nous repreſentant la Divinité comme un être rempli d'une compaſſion toute humaine ; c'eſt faire de Dieu un aſſemblage de paſſions, c'eſt lui prêter nos affections baſſes & terreſtres. S'il *jugera nos juſtices*, comme l'Ecriture Sainte nous l'aprend, comment pouvons-nous déterminer ce qu'il doit être & ce qu'il doit faire ? Mais on ne veut point entendre le langage de l'Eſprit Saint, le ſeul cependant qui puiſſe nous donner des idées conformes à la Divinité ; on n'écoute que l'imagination ou le préjugé ; & parce qu'on vit de maniére à redouter les châtimens éternels, on en conclut avec toute aſſurance qu'ils ſont réellement impoſſibles.

Peſez à ce ſujet l'objection des Déiſtes. Elle ſe réduit à nous dire que cela ne ſe comprend pas ; mais, comme nous l'avons déja repété mille fois, comprennent ils les opérations ineffables du Tout-Puiſſant ? voient-ils cette chaîne de décrets qui ont diſpoſé d'une maniére incompréhenſible le monde phyſique & moral ? en un mot ſe comprennent-ils eux mêmes, & toute leur raiſon ne s'égare-t'elle pas dans la ſeule étendue d'un insecte , & même d'un atôme.

Il est incontestable que Dieu a été le maître de faire ce qu'il a voulu ; il est incontestable qu'il ne doit rien à sa créature ; il est incontestable que nous sommes entre ses mains comme les vases entre celles du Potier, que nous n'avons aucun droit de nous plaindre si nous nous perdons , mais toute raison de remercier si nous nous sauvons. Dieu n'est sûrement pas tyran , & ne peut absolument l'être, mais il punit à la mort d'une maniére éternelle, parce qu'il est éternel ; il punit à la mort sans rémission , parce qu'il n'y a plus moyen de se rédimer, & que le tems des mérites est fini. On doit au moins aimer Dieu d'un amour de préférence pour pouvoir habiter avec lui, & l'homme qui expire dans le péché n'est plus dans le cas d'aimer Dieu. Je sais que sa faute a été passagére , qu'elle n'a duré que quelques momens ; mais je sais avec Saint Grégoire que les desirs de tout homme qui péche , & qui ne se repent point , font des desirs qui subsistent toujours , & que celui qui ne s'abstient du crime que par impuisfance ou par refpect humain, voudroit toujours pouvoir pécher.

Selon les Déiftes, le Paradis doit être ouvert à tous les hommes. Selon eux le fornicateur ainfi que le chafte, l'impie ainfi que le Saint doivent fe trouver au Ciel; quelle miféricorde feroit-ce qu'un tel défordre. Dieu dans une pareille hypothèfe, ne deviendroit-il pas le protecteur des crimes; & les hommes ne feroient-ils pas infenfés d'aimer la vertu & de la pratiquer? Mais pourquoi les Déiftes ne crient-ils que contre les peines éternelles; & pourquoi ne trouvent-ils pas que des récompenfes éternelles font aufi difproportionnées. L'énigme n'eft pas difficile à deviner.

Le Chrétien, qui adore un Dieu, & Juge & Pere tout à la fois, un Dieu vengeur & rémunérateur, eft celui-là feul qui rend un véritable hommage à la Majefté fuprême, qui reconnoît toute la grandeur de fes perfections, qui n'en exclut point une, pour éxalter l'autre, qui fçait que la vérité ne fe divife point, & qu'il ne dépend point de nous de n'en admettre qu'un tiers ou qu'une moitié.

Dieu ne peut pas plus être injuste pendant un seul instant, que pendant toute une éternité, & s'il a créé le monde tel que nous le voyons, où la plûpart des hommes sont malheureux, & paroissent n'éxister que pour souffrir; pourquoi ne pourra-t'il pas également dans l'autre vie, faire sentir le poids de sa justice au plus grand nombre? Je dis justice, car toutes les peines présentes & futures, ne viennent ou que du péché d'Adam dans lequel nous étions tous renfermés, ou que des fautes que nous avons nous-mêmes commises.

Dieu peut agir secrettement sur les cœurs de ceux qui sont malheureusement privés des lumiéres de la révélation, & les illuminer au moment même de la mort, en leur inspirant le desir de la vraie Religion, suposé qu'ils aient fidèlement observé la loi naturelle. Ses voies sont incompréhensibles, ses moyens inépuisables, & d'ailleurs il ne punira que d'une maniére proportionnée, c'est-à-dire, bien moins rigoureusement les Payens qui n'auront pas connu les vérités révélées, que les Chrétiens qui en auront abusé bien moins celui qui n'aura que la tache du péché originel, que celui qui sera coupable de péché mortel. Ajoutez que l'Infidèle & l'Idolâtre ne seront pas punis pour n'avoir jamais entendu parler de la révélation, si c'est une ignorance invincible de leur part ; mais qu'ils le seront pour avoir rejetté les lumiéres de la raison, & négligé les secours qui leurs étoient accordés pour suivre la loi naturelle. Dieu ne commande pas l'impossible, & il n'éxige que l'emploi du talent qu'il a confié.

Si ces vérités ne répandent pas des lueurs dans l'esprit des Incrédules, vous devez en conclure qu'ils veulent persévérer opiniâtrément dans leur incrédulité. On aperçoit toujours à travers les nuages de la foi assez de rayons pour connoître la vérité ; mais les Déistes sont comme les Protestans, comme tous les Sectaires, qui répétent mille fois les mêmes objections, sans vouloir faire attention aux réponses qu'on leur donne. Cependant la Religion est un objet assez important pour qu'on en éxamine les preuves avec toute l'attention possible : ce travail dût-il éxiger tout le tems de la vie, ne seroit

point trop long. Mais chose étrange !
on se souléve, & l'on prend parti contre le Christianisme, quoiqu'on soit né
dans son sein, sans en avoir étudié les
principes & les maximes, & comme
s'il s'agissoit dans cette affreuse entre-
prise du gain même de l'Univers.
Dieu n'éxiste-t'il donc plus que pour
rendre compte de ses merveilles & de
ses opérations aux foibles mortels !
N'éxiste-t il plus que pour être continuellement l'objet des disputes, des
railleries & des blasphêmes ! Que sont
devenus les tems où l'on ne prononçoit
le nom de l'Eternel qu'avec une reli-
gieuse frayeur ! où la créature pâle &
tremblante adoroit en silence les Mystéres du Créateur ! La Philosophie
moderne a cru pouvoir introduire la
raison jusques dans les secrets les plus
intimes de la Divinité ; & cette orgueil-
leuse raison, en punition de ces auda-
cieux écarts, est devenue le jouet de
toutes sortes d'erreurs. Tout homme,
livré à lui-même, n'est qu'un abîme
de miséres, & tout homme n'est digne
de considération, qu'autant qu'il s'apuie
sur les fondemens inébranlables du
Christianisme. Dieu a puni nos beaux

efprits, comme il punit autrefois Na-
buchodonofor, en permettant qu'ils fe
confondiffent avec les bêtes, qu'ils vé-
cuffent comme elles, & qu'ils publiaf-
fent être de même nature. La raifon
fans Religion eft comme la lune fans
la lumiére du foleil. Nous n'emprun-
tons notre grandeur que de notre fou-
miffion aux volontés de celui qui eft
infiniment grand.

La Religion Chrétienne a cet avantage fur toute les Sectes, c'eft qu'elle
ne foutient jamais une vérité aux dépens
d'une autre, & qu'elle ne confulte jamais les paffions & les defirs des hommes dans tout ce qu'elle nous propofe
comme les objets de notre foi. Elle
fçait que telle croyance eft un dogme,
& elle l'annonce comme elle l'a reçu
fans adouciffement, fans altération,
bien perfuadée qu'il ne dépend pas de
nous de changer ce que Dieu a établi.
Les hommes paffent, ainfi que leurs
fyftêmes, mais la vérité du Seigneur
demeure éternellement, foit qu'on s'y
foumette, foit qu'on la contredife.

Ce n'eft pas chez les Chrétiens,
mais chez les Déiftes, que la miféricorde Divine eft réellement anéantie,

& je vous prie de vouloir bien faire attention à cette remarque. Dieu, selon la doctrine étrange des Déistes, n'a pas plus d'égard au Juste qui jeûne, qui prie, & qui consume ses jours dans la pratique des bonnes œuvres, qu'à l'impie qui blasphême & qui s'abandonne à toutes sortes d'horreurs ; puisque Dieu laisse tout homme sans grace & sans secours, livré à lui-même, à toute la corruption de son cœur, & à tous les malheurs que le hazard peut produire. Poussez cet argument, & vous aurez bien des moyens de ramener les Déistes à la raison, s'ils veulent être raisonnables.

Les suplices éternels ne nous révoltent, que parce que nous ne voulons pas faire attention que c'est la miséricorde même de Dieu qui a creusé les enfers. Il a voulu, cet Etre infiniment bon, nous obliger à l'aimer par toutes sortes de moyens, & nous forcer, pour ainsi dire, à recourir à lui. Sa Justice se seroit oposée à un pardon qu'il nous auroit accordé sans pénitence ; & l'ordre qu'il avoit établi, éxigeoit que nous puissions avec le secours de la grace faire usage de notre liberté ; autrement nous ne

ne ferions plus ces créatures formées
pour mériter, & conféquemment les
deffeins de Dieu n'auroient pas leur
accompliffement. Il pouvoit fans doute
nous confirmer tout-à-coup dans la
juftice ; mais les Anges eux-mêmes ne
l'ont été qu'après avoir mérité : & d'ailleurs qui a droit d'interroger Dieu fur
fes voies ; qui a droit de lui demander
le motif de fes opérations ! Il fait tout
ce qu'il veut ; & tout ce qu'il veut eft
toujours juftice & fageffe. Egalement
jufte lorfqu'il pardonne, & également
miféricordieux lorfqu'il punit ; il eft
toujours tout enfemble infiniment bon
& infiniment équitable.

Ah ! c'eft parce que ceDieu eft miféricordieux qu'il punira : car il ne dé-
chargera fa colére que fur des hommes
qui auront abufé de fes miféricordes,
que fur des hommes qui auront violé
la Loi naturelle, ou profané la grace
de la révélation ; que fur des hommes
qui auront préféré la plus vile créature
à lui-même & à fes récompenfes éternelles : que fur des hommes qui mé-
prifent fes promeffes, & qui infultent
à fon Eglife ; que fur des hommes qu'i
raillent fes Saints, qui fe moquent

de ses Mystéres, qui oublient tous ses dons & toutes ses largesses pour ne s'occuper que de plaisirs frivoles & terrestres ; que sur des hommes qui blasphêment contre sa Religion au lieu de s'en instruire, qui n'emploient leur vie, leur santé, leurs talens, qu'à se pervertir & à corrompre les autres, que sur des hommes qui s'apliquent continuellement à détruire dans les ames toute idée d'immortalité.

La plus grande preuve de la miséricorde de Dieu, est cette patience avec laquelle il souffre les irrévérences & les blasphêmes ; cette patience avec laquelle il laisse circuler de toutes parts les abominables écrits du libertinage & de l'incrédulité ; cette patience avec laquelle il prolonge les jours des malheureux qui en sont les auteurs : cette patience avec laquelle il les attend encore à résipiscence. Cependant qu'ils ne s'y fient pas : il vient un tems où la mesure se comble, un tems où l'impie connoît que c'est une chose terrible d'avoir pour ennemi Jesus-Christ lui-même : *Horrendum est incidere in manus Dei viventis*. Rien n'est aussi horrible, dit Saint Paul, que de tomber entre les mains du Dieu vivant.

N'allez pas prendre ces paroles pour des frayeurs chimériques, ni pour de vaines déclamations. C'est encore la miséricorde de Dieu qui vous les fait entendre, comme un tonnerre qui doit vous réveiller de votre assoupissement. Ces paroles sont actuellement tout ce qu'elles seront à l'heure de votre mort, & parce que votre mort est toujours proche, & parce qu'on ne peut tromper Dieu.

Les Déistes voudroient faire servir Dieu lui même à leurs iniquités, en s'autorisant de sa bonté pour violer ses Loix sans crainte & sans scrupule ; mais ils ont beau vouloir oposer une digue aux vengeances de l'Eternel, ils ont beau s'efforcer de grossir leur nombre, il n'y a ni crédit, ni force, ni rempart qui puisse mettre l'homme à l'abri de la justice divine. Toutes les objections, toutes les railleries, tous les bons mots, sont autant de charbons de colére que l'impie accumule sur sa tête, selon l'expression de l'Ecriture ; & tout l'esprit des incrédules ne servira qu'à augmenter leurs suplices, & à exciter davantage leurs regrets.

Plus le Seigneur est miséricordieux, plus le pécheur est coupable. Ce sera la miséricorde elle-même tant de fois méprisée, tant de fois outragée, qui sollicitera la vengeance du Tout-Puissant ; ce sera le Sang de Jésus-Christ même si souvent profané qui criera vengeance, & qui demandera justice ; ce seront tous les Saints ensemble qui conjureront Dieu de punir les méchans & les impies. Maintenant prosternés devant le trône de l'Agneau, ils ne cessent de prier pour le salut de tous ceux qui ont abandonné les voies de la vérité ; mais au dernier jour, ils s'écrieront : frapez, Seigneur, frapez ces têtes orgueilleuses, ces ames criminelles dont le langage fut le blasphême, & la vie une continuelle prostitution : précipitez-les dans cet étang de soufre & de feu, dont la fumée s'élévera dans tous les siécles des siécles ; & qu'il n'y ait plus pour eux ni repos, ni lumiére.

CHAPITRE VII.

De l'accord des Mystéres avec la Raison.

IL ne s'agit point ici de démontrer des Mystéres qui donnent le prix à la foi, & que la seule vie future nous dévoilera, parce qu'alors nous verrons Dieu tel qu'il est, & que nous verrons tout en Dieu ; mais il est simplement question de faire voir que les dogmes de la Religion Catholique si souvent contestés, n'ont rien qui répugne à la raison.

En effet, notre lumiére, rayon de la splendeur divine, & à l'aide de laquelle nous découvrons les convenances & les raports, nous fait apercevoir dans des phénoménes sensibles la possibilité des Mystéres. L'aveuglement des Incrédules vient de ce qu'ils ne daignent pas écouter ce qu'on leur propose, & souvent de ce qu'on ne s'explique point assez nettement sur les dogmes qu'on tâche de leur prouver. L'esprit aime la précision & des idées claires ; on ne peut trop simplifier les questions , & mettre les choses dans leur vrai point de vue.

Je commence donc par dire que le monde physique étant la copie du monde moral , & que l'ordre de la nature nous représentant celui de la grace , & parce que Dieu qui est un , a voulu réduire toutes ses opérations à l'unité , & parce qu'il a voulu nous rendre continuellement attentifs à sa presence & à son action , nous devons chercher dans les choses visibles , les moyens de nous élever aux invisibles. Eh ! comment le ferons-nous mieux qu'en nous éxaminant nous-mêmes , ainsi que tous les objets exposés sous nos yeux.

Nous ne doutons pas que nous avons tous une ame qui se connoît & qui s'aime , & que cette substance , ainsi que cette connoissance , & cet amour dont elle est le principe , sont trois choses entiérement distinctes , & aussi anciennes l'une que l'autre , car la faculté d'aimer n'est pas l'amour , ni l'entendement n'est pas la volonté. Eh ! que sont ces merveilles , sinon l'expression même de la Trinité , c'est-à-dire , de ce Mystere où Dieu ,, en se connoiſſant & en s'aimant , eſt le principe du Fils & du Saint-Eſprit , où ils ſont égaux en puiſſance & en ancienneté , où trois Dieux ne ſont pas un Dieu , ni trois Perſonnes une ſeule perſonne , comme l'ignorance le feroit preſqu'entendre : mais où trois Perſonnes ſont réellement au nombre de trois, & où un Dieu ne fait réellement qu'un ſeul Dieu.

Saint Auguſtin , dans ſon excellent ouvrage ſur la Trinité , montre notre ame comme une expreſſion de cet ineffable Myſtére : & après en avoir prouvé les raports autant que le fini peut ſe comparer à l'infini , il conclud que tout homme eſt réellement une image viſible d'un Dieu en trois Perſonnes , conformément à ces paroles de la Genèſe : *Faiſons l'Homme à notre reſſemblance.*

Nous ne doutons pas de l'union de notre eſprit avec notre corps ; que cet eſprit vraiment immatériel agit ſur nos órganes & ſur nos membres par un phénomène qui ne ſe peut concevoir , & que l'homme en conséquence eſt un réſultat de deux ſubſtances, dont l'une eſt toute ſublime , toute céleſte , & l'autre toute charnelle & toute terreſ-

tre. Eh ! que font ces merveilles , finon l'image du Myftére même de l'Incarnation , Myftére où la Divinité unie
à l'humanité conftitue l'adorable Perfonne de Jefus-Chrift , Myftére où la
Divinité triomphe de toutes les foi-
bleffes de l'humanité , & donne un
prix infini à toutes fes actions.

Nous ne doutons pas que le pain &
le vin pris chaque jour en aliment, fe
transforment dans notre propre fang
& dans notre propre chair , & que
nos nerfs , nos mufcles & nos os
doivent leur confiftance & leur ac-
croiffement à la nourriture dont nous
ufons. Eh ! que font ces merveilles ,
finon la vive image du Myftére même
de l'Euchariftie , Myftére où l'Hoftie
fe *tranfubftancie* réellement dans le
corps de Jefus-Chrift , Myftére où le
vouloïr du Tout-Puiffant opére dans
un inftant , ce qui ne s'accomplit en
nous que par le moyen d'une tritura-
tion & d'une digeftion.

Nous ne doutons pas que jufques
dans les infectes mêmes on aperçoit des
reproductions qui multiplient réellement un animal ; que toutes les parties du polype , par éxemple , étant
coupées

coupées & séparées, forment autant de polypes, & que cette réduplication arrive journellement sous nos yeux. Eh! que sont ces merveilles, sinon la vive image de cette admirable multiplication & division d'hosties, qui toutes, ou, séparément, contiennent véritablement le Corps entier de Jesus-Christ?

C'est de ces exemples que le célébre Abbé de Lignac a formé son dernier Ouvrage, pour prouver la possibilité physique de l'éxistence d'un même corps en plusieurs endroits. Ce Livre mérite d'être lu avec attention; s'il est abstrait, c'est que la métaphysique éxige un recueillement & une aplication dont peu de personnes sont capables.

Mais je reviens à mon sujet, & je continue à dire que Dieu force notre raison, même par les exemples les plus frapans, & tirés de ses propres ouvrages, à reconnoître les Mystéres que la Religion nous propose. Il ne veut pas actuellement nous dévoiler ces Mystéres, nous réserver ce grand & merveilleux objet pour être contemplé dans l'éternité; mais il veut dès-à-present nous faire connoître que ni la Trinité, ni l'Incarnation, ni l'Eucharistie ne

P

font point des vérités abfurdes & impoffibles, & que l'incrédulité qui veut
tout ramener à la nature, eft confondue
par cette même nature, dont les opérations nous peignent les plus grands
prodiges de la grace & de la Religion.

Si l'on difoit que Jefus-Chrift a fouf-
fert comme Dieu, qu'il a enduré la
faim comme Dieu, qu'il eft mort comme Dieu; fans doute la raifon feroit en
droit de fe révolter : mais cette même
raifon ne niera jamais qu'un Dieu ait
pu s'unir à la fubftance de l'homme,
& qu'il n'ait pu, en conféquence de
cette union, fouffrir comme homme,
vivre comme homme, mourir enfin
comme homme.

Les Myftéres éxaminés tels qu'ils
font, & tels que la Religion Catholique les croit & les profeffe, ont malgré
leurs profondeurs & leur fublimité,
malgré leurs majeftueufes ténébres, au
côté lumineux qui nous fait apercevoir
qu'ils ne font nullement impoffibles,
mais feulement inacceffibles à nos lumiéres ; ainfi que dans le fein de la nature même on découvre tous les jours
des phénoménes dont on ne peut nier

l'éxiſtence, mais qu'on ne peut expli-
quer, témoin celui de l'électricité.

Auſſi n'eſt-ce ni l'expérience, ni la
raiſon que les Déiſtes conſultent, lorſqu'ils s'élevent avec une eſpéce de fré-
néſie contre les Myſtéres. Leur amour
pour le plaiſir, leur vie toute ſenſuelle,
ſont les Docteurs qu'ils interrogent ſur
l'article de la Religion, & les ſeuls
maîtres qui les guident.

C'eſt ſans doute un myſtére, que
la Prédeſtination, ainſi que la tache
du péché originel répandue ſur tous les
enfans d'Adam; mais notre raiſon n'acquieſce-t'elle pas au jugement d'un
Souverain qui bannit & qui proſcrit
toute une race, parce qu'un monſtre
de cette même race s'eſt rendu coupable du crime de lèze-Majeſté? notre
raiſon n'acquieſce-t'elle pas tous les
jours à la volonté d'un Prince qui
apelle les uns à ſa Cour, & qui laiſſe
les autres dans l'obſcurité; aux Arrêts
d'un Juge qui condamne à une priſon
perpétuelle pour une faute d'un inſtant?

Ah! par-tout la raiſon vient juſtifier
la conduite de Dieu, & nous convaincre que les Myſtéres du Chriſtianiſme
ne révoltent que des eſprits indociles

& aliénés, foit par la fougue des pasfions, foit par les fophifmes de l'incrédulité. Ce n'eft pas dans le fein de la Religion Catholique qu'on trouve des abfurdités ; mais dans les fyftêmes de la Philofophie moderne ; fyftêmes qui fupofent un monde éternel, ou une Divinité muette & fourde ; fyftêmes qui fupofent un grain de matiére capable de penfer, & qui n'admettent point d'autre ame que la circulation du fang, & le jeu des mufcles & des nerfs ; fyftêmes qui fupofent une juftice en Dieu compatible avec une indifférence entiére pour les vertus comme pour les vices ; fyftêmes qui rejettent la révélation par raport à fes Myftéres, & qui reconnoiffent pour Créateur un Etre incompréhenfible & infini ; fyftémes qui accorde au hazard, c'eft-à-dire à une chimére, l'exiftence des hommes & leur confervation ; fyftêmes en un mot fans fyftêmes, parce qu'ils n'ont ni principes ni ftabilité, & qui mille fois augmentés, ou diminués, ne laiffent pour toute conclufion qu'un pirrhonifme affreux, où qu'une obfcure & fatale fécurité.

Le grand Boffuet donna autrefois

l'histoire des Variations des Proteſtans ;
qui nous donnera celle des Variations
des Déiſtes ? Il faut avouer que cet
Ouvrage ſeroit volumineux , & auſſi
curieux qu'intéreſſant : on y verroit
l'Auteur *du Philoſophe ſans ſouci* , nier
l'immortalité de l'ame , & conſéquemment une autre vie ; & l'Auteur d'*Emile*
s'inſcrire en faux contre cette doctrine ,
& la traiter d'impie : on y verroit les
mêmes Auteurs ſe contredire ſeu-
lement dans l'eſpace de dix pages ;
enfin on y verroit un amas confus d'opinions auſſi bizarres les unes que les autres , & qui ne ſervent qu'à nous prouver la néceſſité de la révélation.

Il eſt étonnant de voir combien les
Incrédules ſe contrediſent au moment
même où ils croient triompher des Catholiques. Qu'y a-t'il de plus abſurde ,
en effet , que de faire valoir leur raiſon
comme ils le prétendent , & de penſer
que cette même raiſon n'eſt qu'un inſtinct à peu près ſemblable à celui de la
bête, qu'une vapeur qui doit ſe diſſiper
à la mort ! Dieu l'a permis , pour nous
aprendre qu'on eſt capable de toutes
ſortes d'inconféquences , ſi-tôt qu'on
ferme les yeux aux lumiéres de la foi ;

& qu'il n'y a que le Chrétien qui sache penser , & raisonner d'une maniére digne de l'excellence de son ame.

Qu'est-ce que la raison ; sinon une certaine justesse , une certaine combinaison qui nous fait connoître que les voies de Dieu, c'est-à dire, d'un Etre infini, ne doivent ni ne peuvent ressembler à celles de l'homme ; que des témoignages de tous les lieux & de tous les tems ; & qu'on ne peut contester qu'en niant sans preuve & sans fondement , ont des caractéres de véracité qu'il faut nécessairement avouer ; que tout systême qui conduit à confondre le vice avec la vertu , à étouffer les remords, & à regarder la Divinité comme un Etre purement apathique qui ne récompense ni ne punit, est un systême aussi extravagant que périlleux.

L'Incrédule est un insensé : la raison qui nous engage à prendre toujours le parti le plus sûr dans toute affaire douteuse , nous oblige sans doute à épouser la Religion comme une Loi pure & sainte qui ne prêche que l'amour de l'ordre , & qui nous raproche continuellement de Dieu.

Il n'y a point de Religion qui n'ait

ses Myſtéres, mais ceux de la Religion Catholique ſont ſublimes & incompréhenſibles ; ceux de la Religion Muſulmane & Payenne, ſont pitoyables & ridicules. Qui oſeroit comparer l'Alcoran & la Fable, à l'Evangile ! Que l'homme qui n'eſt ni Chrétien, ni Mahométan, ni Payen, cherche la vérité dans ces trois différentes lectures, & il n'eſt pas douteux, qu'il ne trouvera que l'Evangile digne de la raiſon, & digne de Dieu.

Il ſembleroit à entendre les Déiſtes qu'ils n'ont que des vérités démontrées à produire ; & pour peu que vous les écoutiez, vous les verrez obligés de convenir qu'ils ne comprennent ni comment le monde a été formé, ni comment Dieu eſt immenſe ſans étendue, ni comment il eſt de toute éternité, ni comment enfin ils penſent. Ainſi voilà des hommes tout-à-fait ſinguliers, qui rejettent les myſtéres & qui ſont forcés d'en admettre ; des hommes que la ſeule préſence d'un animal arrête, & qui ne pourront jamais vous dire ni ce qu'il eſt, ni ce qui agit en lui.

La raiſon ne répugne donc point à admettre des vérités qu'on ne comprend pas. Les Astronômes, les Naturalistes les Médecins, en un mot tous les Savans voient & croient des phénoménes qui surpassent leurs lumiéres. Toutes les premiéres causes nous sont cachées, & l'Univers entier n'est qu'une énigme à nos yeux, si nous ne recourons à Dieu comme au souverain moteur, & comme au suprême Etre qui fait tout ce qu'il veut.

Que ce cri général de nos beaux Esprits contre les Mystéres, ne vous étonne donc pas ; quoiqu'il leur soit familier, il n'en est pas plus concluant. Vous avez vu l'emblême de ces Mystéres dans les opérations même de la nature ; & il n'y a pas jusqu'au grain de blé qui pourrit en terre, & qui germe ensuite pour renaître au centuple, qui ne soit une image de la résurrection des corps. La raison ne consiste pas dans des mots, & il ne suffit pas de dire des choses ; il faut que ces choses soient conformes à la vérité : ainsi ne vous laissez éblouir ni par le style, ni par le faste des pensées. *S'il faut opter, dit Saint Jerôme, entre une sainte rusticité & une éloquence coupable, il vaut beaucoup mieux donner la préférence à la premiére.*

Lorsqu'on dépouille les objections des Incrédules de ce clinquant dont ils favent les orner, on ne trouve que des puérilités ou des argumens ufés, mille fois réfutés. Telle eft la pitoyable ré-fléxion de l'Auteur d'*Emile* ; lorfqu'il ofe avancer très-gravement dans fa Lettre à M. l'Archêque de Paris, que fi Jefus-Chrift s'eft communié lui-mê-me, fa bouche étoit trop petite pour pouvoir avaler fon Corps.

Mais ce prétendu Philofophe igno-re-t'il, ou veut-il ignorer que Dieu peut réduire un corps de fix pieds à un volume prefqu'imperceptible, & que ce fera toujours le même corps, & par raport à fon' individua-lité, & par raport à fon intégrité ? L'organifation d'un embryon fert à faire comprendre cette vérité, qui d'ailleurs n'a pas befoin d'être prouvée.

Cependant les beaux Efprits n'ont ceffé d'aplaudir à l'objection de l'Au-teur d'Emile, & ne ceffent de la citer comme une démonftration : tant il eft vrai qu'il n'y a rien de plus facile que d'en impofer à des hommes fuperfi-ciels. Notre fiécle admira ce que les autres fiécles ont méprifé ; car ces fortes d'objections jadis inventées, n'eurent ni Panégyristes ni Partisans, & tombérent dans l'oubli avec leurs Auteurs. D'où je conclus que rien ne ressemble moins à la raison, que ce que nos Incrédules apellent raison ; d'où je conclus, que lorsqu'on n'a point de principes, on ne juge que relativement à son ignorance & à ses préjugés ; d'où je conclus, qu'il y a un torrent pour les opinions comme pour les modes, & que dans un tems où il est du bel air de secouer le joug de la Religion, chacun est impie sans savoir pourquoi ; d'où je conclus, que les Incrédules ne savent qu'objecter, parce que cette méthode a beaucoup d'avantages, & n'est nullement difficile. On objecte en trois lignes, & l'on ne peut souvent répondre qu'en trois pages, & tout ce qui n'éxige pas une longue attention, plaît à la plûpart des Lecteurs. De-là vient que nous trouvons presque toujours les objections plus fortes que les réponses.

Cependant les difficultés des Incrédules sont pour l'ordinaire si rebattues & si pitoyables, que c'est peut-être une folie d'y répondre gravement. Mais selon Saint Paul, on est redevable aux Sa-

ges & aux Infenfés ; & d'ailleurs il ne
faut pas donner occafion aux efprits fu-
perficiels de croire & de publier qu'on
ne répond point parce qu'on ne peut
répondre.

CHAPITRE VIII.

Du Fanatifme.

TOUTES les Religions fervirent
toujours de prétexte aux hommes pour
fatisfaire leur vengeance & leur orgueil, ou de motif pour fuivre aveu-
glément un zèle excité par l'obftination,
& fouvent par le tempérament. On crut
qu'à l'abri d'une confcience dont on
faifoit valoir le témoignage & les lumiéres, on pouvoit tout entreprendre
& tout faire ; de-là ces guerres fcanda-
leufes qui furent une véritable plaie
pour l'Eglife ; de-là ces fchifmes &
ces héréfies qui ravagérent fi cruelle-
ment le Troupeau de Jefus-Chrift ; de-
là cet Efprit de parti, qui fous différens noms, ne ceffe de fe perpétuer
d'âge en âge, & de produire des li-

belles aussi pitoyables que mordans. Les Villes fument encore du sang que le Fanatisme fit répandre, & nos Temples offrent de toutes parts des vestiges de sa fureur. Avec quelle frénésie les Calvinistes ne profanérent-ils pas les Tabernacles & les Autels, & avec quel emportement certains Catholiques ne sévirent-ils pas contre les Profanateurs? Les uns commencérent cette scène sanglante, & les autres la finirent d'une maniére qui fait horreur. Plaise au Ciel que le souvenir en soit à jamais effacé!

Je ne prétens donc point dissimuler les malheurs que le Fanatisme engendra, mais je ne veux ni les éxagérer ni les confondre avec les effets du zèle, ainsi que font les Déistes.

On sait que ces M^{rs}, ennemis déclarés de tout culte, voudroient anéantir la Religion sous prétexte d'inspirer la tolérance & la douceur. Intéressés à la conservation des Sectaires & des Impies, ils ne cherchent qu'à imaginer des moyens qui les mettent eux-mêmes à l'abri des châtimens qu'ils méritent: d'ailleurs ils se persuadent qu'à force de crier contre le Fanatisme, ils ne

paſſeront jamais pour Fanatiques , &
qu'ils pourront en conséquence troubler
impunément l'Egliſe & l'Etat : & c'eſt
encore là un de leurs ſtratagêmes.

Je ſuis fâché de trouver mes Freres
coupables : mais il faut lever le maſ-
que , & montrer que nos Incrédules
en veulent abſolument à l'eſſence de
la Religion , lors même qu'ils affectent
de ſe donner pour les amis du bien
public , & pour les héros de l'humanité.
Le Fanatiſme dans leur eſprit n'eſt
que le zèle inſpiré par l'Evangile : ce
zèle qui dévore les Saints , ſelon l'expreſſion de l'Ecriture : ce zèle qui ne
ſauroit ſouffrir l'erreur de niveau avec
la vérité : ce zèle qui s'éleve avec
force contre les ſcandales & les impiétés , & qui crie avec courage , lorſque le Chriſtianiſme eſt attaqué. Voilà ce qui les contriſte, ce qui les irrite ,
ce qui les engage à ſe plaindre continuellement d'un fanatiſme imaginaire
qu'ils s'efforcent de réaliſer : ainſi l'on
eſt Fanatique lorſqu'on réfute leurs
écrits , lorſqu'on en fait voir le venin,
lorſqu'on nomme incrédules des hommes qui affichent l'incrédulité. Ils voudroient s'élever contre Dieu & contre

son Chrift, fronder continuellement le Chriftianifme, & paffer encore pour Chrétiens.

Le vrai zèle ne s'allarme jamais fans motif: mais fi-tôt qu'il aperçoit la Religion bleffée, il s'enflamme, il fe plaint, & c'eft là fon devoir, autrement il ne feroit plus zèlé. Or, l'Eglife aura toujours des hommes zèlés de la forte, des Ecrivains religieux qui pourfuivront l'impiété jufques dans fes derniers retranchemens : des Pafteurs qui donneront de faintes inftructions contre les nouveautés profanes, parce que l'Eglife ne peut errer, ni tolérer l'erreur. Les promeffes de Jefus-Chrift font certaines, & le privilége de fon Epoufe fera toujours de triompher de tous les fophifmes & de tous les menfonges.

La vérité, comme je l'ai déja dit ailleurs, n'eft point comme un intérêt perfonnel qu'on peut facrifier pour l'amour de la paix. Nous ne fommes que fes dépofitaires ; & fi-tôt qu'on l'attaque, il faut prendre fa défenfe, aux rifques même de fouffrir le martyre : ainfi Saint Antoine, quoiqu'octogénaire fortit de fon défert, vint dans la

Capitale y combattre l'Arianisme , &
s'en retourna fâché de raporter le peu
de sang qui couloit dans ses veines :
ainsi une multitude de Chrétiens endura
des tourmens inexprimables , plutôt
que de se taire sur les hérésies qui dé-
chiroient la Religion. L'Eglise ne seroit pas d'accord avec elle-même , si
en célébrant la fête de tant deSaints qui
s'élevérent contre les Impies , elle
laissoit triompher l'impiété.

Ne diroit-on pas , à entendre les Incrédules crier continuellement au fanatisme , qu'on les inquiéte , qu'on les
tourmente , qu'on les force , aux dépens de leurs biens & de leur liberté ,
de se déclarer Chrétiens , qu'enfin la
Religion , dont le privilége est d'avoir
été si long-tems persécutée , est elle-
même devenue le plus cruel des tyrans?
Hélas! l'Univers l'atteste , & la postérité en gémira : il n'y eut jamais un
siécle où le blasphémateur parût avec
plus d'insolence , un siécle où l'on écri-
vît autant d'horreurs , un siécle où l'on
prodigua tant d'éloges aux Apôtres de
l'incrédulité , & où les sages Ecrivains
furent aussi méprisés. Victimes de la
cabale des esprits forts , ils n'ont pour

récompense que des injures & des calomnies ; de sorte que s'ils n'espéroient
une autre vie , ils pourroient bien dire
avec Saint Paul , qu'ils seroient les plus
malheureux des hommes : *Miserabilio-
res omnibus hominibus.*

Examinez sans partialité la conduite
des Catholiques & celle des Incrédules , & vous verrez d'où naît ce Fanatisme , dont la nouvelle Philosophie
ne cesse de se plaindre. Sont-ce donc
les Catholiques qui viennent enseigner
des nouveautés , eux qui professent la
même croyance depuis dix-huit siécles ? sont-ce donc eux qui soufflent
dans des écrits un esprit de révolte
contre les Souverains & contre Dieu
même ? Sont-ce donc eux qui ont dit
qu'on pouvoit se passer de Messe & de
Rois ? ... Mais ici je m'arrête , m'ima-
ginant que je deviendrois coupable ,
même en ne faisant que répéter de telles
horreurs.

Je conseille aux nouveaux Philosophes de proposer dans leurs brochures
chéries ce problême singulier , qui
d'eux , ou des Catholiques troublent
l'Eglise & l'Etat , & doivent en conséquence être apellés Fanatiques. Mais
est

eſt - il quelqu'un qui ignore que les Déiſtes ont commencé à s'élever contre le Chriſtianiſme, à vomir des blaſphêmes de toute eſpéce contre Jeſus-Chriſt, à en remplir des livres qu'on trouve entre les mains de tout le monde. Les Théâtres mêmes ſont devenus des Ecoles publiques où les Incrédules ont enſeigné clairement l'irreligion, & où leurs ſaillies impicomiques leur ont mérité les plus grands éloges. Tel eſt le ſiécle : on peut blaſphêmer ſans honte, pourvu qu'on le faſſe avec eſprit.

Les Catholiques n'ont donc pris la plume que pour répondre ; & on ne peut abſolument les accuſer d'avoir été les agreſſeurs. Devoient - ils reſter tranquilles au milieu des traits qu'on lançoit de toutes parts contre l'Egliſe & contre ſes Miniſtres ? Leur ſilence n'eût-il pas été vraiment condamnable, & les Déiſtes eux-mêmes ne l'euſſent-ils pas regardé comme une impoſſibilité de leur répondre, & comme un ſujet de triompher ?

On ne mépriſe, ni l'on ne hait les incrédules, mais on éléve la voix pour les empêcher de séduire les ames, & pour rendre à Jesus-Christ les hommages qu'on voudroit lui ravir. Si c'est être Fanatique, il n'y a plus de différence entre le fanatisme & le zèle.

Jamais il n'y eut aucune Société sur terre aussi patiente & aussi tolérante que l'Eglise. Les Inquisitions dont on se plaît à exagérer les horreurs, quoiqu'elles soient réellement odieuses & contraires aux loix Evangéliques, ne peuvent être imputées à la Religion, mais à des Ministres qui abusent de leur autorité : & d'ailleurs, quoique nous ne prétendions point leur aplaudir, que sont ces Inquisitions, en comparaison de celles des Chinois, où l'on punit de la maniére la plus cruelle ceux qui s'élévent contre leur culte idolâtre; en comparaison de celle des Mahométans, où l'on empale quiconque parle publiquement contre Mahomet?

Ne vous laissez point séduire par tous ces termes de fanatisme, qu'on ne cesse d'employer contre la Communion Romaine. Notre Religion espérant toujours dans la miséricorde de Jesus-Christ, ne désespére du salut d'aucune perſonne vivante ; & ſi elle déclare que quiconque meurt ſans grace & ſans foi ne peut être ſauvé, c'eſt que Dieu lui-même a prononcé » que tous ceux » qui ne croiroient pas ſeroient con- » damnés » ; c'eſt qu'il a prononcé » que pour entrer dans le Royaume » des Cieux, il falloit renaître de l'eau » & du Saint-Eſprit « ; c'eſt qu'il a prononce, » qu'on devoit être re- » gardé comme Payen, lorſqu'on n'é- » coutoit pas l'Egliſe » ; c'eſt qu'il a prononcé » que tous ceux qui ne l'au- » roient pas confeſſé ſur terre, ſeroient » exclus du ciel ». Falloit-il abandon-ner ces terribles & ſaintes vérités, pour s'accommoder au ſyſtême des Déiſtes ?

Liſez l'Ecriture, l'Hiſtoire Ecclé-ſiaſtique, & vous verrez que ſi l'on oſoit faire un reproche à la Religion, on l'accuſeroit d'être aujourd'hui trop indulgente. Le Fanatiſme, tout hor-rible qu'il eſt, prouvoit au moins qu'autrefois on avoit à cœur les intérêts du Ciel, & qu'on préféroit la cauſe de Dieu à tous les avantages temporels, & à la vie même. Les moyens qu'il employoit étoient ſans doute affreux & font frémir l'humani-

té , mais son motif étoit sublime &
édifiant. Notre indifférence au contraire
n'a rien qu'on puisse admirer & louer ,
& Dieu veuille qu'elle ne soit pas la
ruine de bien des Pasteurs qui devroient
tonner contre l'incrédulité , ou qui
gardent le silence sur les ravages qu'elle
fait chaque jour.

Le moment est venu où il faut re-
prendre & corriger à tems & à contre-
tems , où les pierres vont parler , si les
enfans d'Abraham se taisent , ce moment annoncé par Saint Paul , qui sera
l'ouvrage des ténébres , ce moment ,
où des fables prendront la place des
vérités.

N'y aura-t'il que les Incrédules qui
se croiront en droit d'éclairer leur siécle
& qui pourront débiter leurs maximes ?
L'Eglise n'a-t'elle donc plus assez de
force & de lumiéres pour confondre
l'impie & l'impiété ? & d'ailleurs ne
fut-ce pas toujours son auguste fonc-
tion ?

Si les Déistes étoient moins injustes ,
ou moins aveuglés , ils connoîtroient
combien l'Eglise , loin d'être vindica-
tive & tyrannique , les aime & les
chérit. J'ose leur dire que tout bon

Catholique voudroit au prix de sa vie
même, racheter leur ame de l'esclavage où elle est. Oui, les Catholiques
ne méprisent ni les Déistes ni leurs
talens; ils conviennent & de la pureté
de leur style, & du brillant de leurs
pensées, & de la beauté de leur imagination, mais en gémissant de ce que
ces avantages qui auroient si bien servi
au triomphe de la vérité, ne sont em-
ployés qu'à la combattre, & qu'à la
défigurer. Il n'y a aucun de ces Prélats, de ces Prêtres & de ces Religieux,
que nos Incrédules ont tant en aversion,
qui ne sollicite sincérement auprès de
Dieu leur salut éternel. L'Eglise ne
cesse de prier pour ceux qui la persé-
cutent : & voilà comment les Catholiques sont intolérans & Fanatiques.

Vous n'aurez pas de peine à décider
presentement, si les clameurs des esprits forts sont bien fondées, & si le
Fanatisme dont ils se plaignent continuellement, n'est pas leur propre ouvrage. Quelle tyrannie n'éxercent-ils
pas eux mêmes sur les esprits, en voulant que tout le monde soit de leur avis,
& en traitant d'imbécile quiconque
n'en est pas. Quelle tyrannie n'éxercent

ils pas dans l'empire des Lettres, en
se rendant des arbitres de la réputation,
& en déchirant impitoyablement tout
Ecrivain qui combat leurs sophismes?
Ils ont fait intervenir jusqu'à des femmes pour grossir leur parti , & l'on
voit ces femmes tenir des assemblées,
y présider en qualité de Prédicantes,
cabaler à dessein de former des Prosélytes , & extorquer des suffrages en
faveur de tous les ouvrages anti-Chré-
tiens. Jaloux de la domination qu'ils
ont usurpée dans un tems où l'on aime
les Livres pleins de choses , & où l'on
regarde comme tels ceux qui sont remplis de sophismes , ils ne se rendent
ni à l'évidence ni à l'autorité, n'ayant
de Philosophie qu'une science périlleu-
se ; ils ne veulent ni ame ni divinité ,
confondant la liberté de parler avec celle
de penser ; ils publient qu'on les force
à croire la Religion , lorsqu'on leur reproche leurs blasphémes.

Je conviens que l'envie, l'ignorance,
le faux zèle ont souvent mal interprété
des expressions susceptibles d'un bon
& mauvais sens ; mais ce n'est point
ici le cas. Nos beaux Esprits , après
s'être entortillés de maniére à déguiser

leur irréligion, ou à faire croire que des mains ennemies avoient défiguré leurs ouvrages, ont ensuite eux-mêmes découvert toute la trame de leur impiété. Il n'y a presque pas un de leurs Livres qui ne contienne des blasphêmes avoués, toujours réimprimés, & dont le souvenir excite toute l'horreur.

Il y a une tolérance qui consiste à n'employer que l'instruction, les priéres & la persuasion lorsqu'il s'agit de convertir les ames ; & cette tolérance est celle de l'Evangile dont la morale ne prêche que la patience & la douceur : mais la Religion ne toléra jamais, & ne peut tolérer les erreurs. Toujours elle employa le glaive de la parole, & quelquefois celui de l'excommunication, les seules armes qu'elle connoisse. Ah ! si l'Eglise devoit souffrir les schismes, les erreurs & les impiétés, elle deviendroit un monstre d'abominations, & nous n'aurions ni Saints, ni Martyrs.

Avec quelle véhémence Jesus-Christ qui étoit la charité même, ne s'éleva-t'il pas contre les Profanateurs du Temple, & contre les Scribes & les

Pharisiens ; avec quel zèle Paul ne retrancha-t'il pas de la Communion des Fidèles l'Inceſtueux de Corinthe ; avec quel courage Ambroiſe ne refuſa-t'il pas l'entrée de l'Egliſe au grand Théodoſe ; avec quelle force les Athanaſe, les Hilaire, les Auguſtin, ne foudroyérent-ils pas les héréſies qui s'élevérent de leurs tems ! Leurs écrits ſont remplis de ce feu divin que le véritable zèle allume : & il n'eſt pas douteux, que s'ils vivoient aujourd'hui, ils ne fiſſent retentir dans tout l'Univers, leur voix contre l'incrédulité.

Qu'il eſt glorieux pour les Ecrivains qui combattent l'impiété, de ſe voir aſſociés aux Peres de l'Egliſe, & de continuer, pour ainſi dire, leurs travaux ! qu'il eſt conſolant pour le vrai Chrétien de voir que la Religion fut la même dans tous les tems, qu'elle tonna toujours contre les Novateurs & les Impies, & qu'elle les confondit !

Ainſi les Auteurs religieux qui ſont maintenant en petit nombre, paroiſſent iſolés, lorſqu'on ne fait attention qu'au tems preſent, tandis qu'ils forment une multitude, ſi l'on raſſemble tous

les

les âges. Combien d'ouvrages en toute langue & en tout genre pour extermi-ner les vices & les erreurs, depuis que l'Eglife fubfifte ; & qui ofa jamais taxer ces Ouvrages de Fanatifme, fi ce n'eft l'impie lui-même qui craint la confu-fion, & qui, pour l'éviter, attaque en récriminant l'autorité qui le condamne? Les Incrédules agiffent comme ces perfonnes qui ont perdu leurs procès, & qui croient perfuader leur bon droit en criant contre leurs Juges : mais les piéces des Catholiques & des Déiftes font entre les mains de tout le monde, & il eft facile d'en prendre connoiffance & de prononcer. Les uns n'ont que des objections qui ne concluent rien, des railleries qui ne prouvent rien, des imprécations qui ne décident rien ; les autres ont tous les témoignages pof-fibles, tant humains que furnaturels, & une poffeffion de vérités, depuis fix mille ans, c'eft-à-dire, depuis le mo-ment où tous les efprits raifonnables s'accordent à dire que le monde à com-mencé.

Je vous laiffe le foin de difcuter ces faits, & je vous prie de les examiner, car nous avons cet avantage, que plus

on aprofondit la·Religion Chrétienne ;
& plus on la trouve fertile en preuves
& en conséquences , & plus on l'ad-
mire & on la croit.

CHAPITRE XI.

*De la maniére de se comporter à l'égard
des Incrédules , & de répondre à leurs
Sophismes.*

ON voudroit pouvoir se dissimuler
à soi-même cette multitude de blasphêmes qui forment le langage & la
Théologie des Esprits forts. Quoique
chaque âge ait malheureusement eu ses
Novateurs & ses impies, ses déborde-
mens & ses scandales ; il faut avouer
que notre siécle en donne des éxemples
qu'on n'avoit jamais vus. Si des Libertins osoient autrefois mépriser l'Eglise
& ses Loix , ils ne travailloient au
moins ni à former des Prosélytes , ni
à en faire trophée : mais aujourd'hui ce
sont des conspirations de toutes parts,
pour éteindre la foi , & rendre , s'il
étoit possible , l'Univers anti-Chrétien.

De-là ces livres abominables qui nous dispensent des devoirs les plus sacrés, & qui ne nous laissent pour toute espérance & pour tout bonheur, que la gloire de vivre & de mourir comme les bêtes ; de-là ces peintures affreuses ou l'on s'efforce de faire entrer le vice par les yeux & ensuite dans le cœur, & d'arracher au Christianisme ceux qui pratiquent encore ses maximes, de là cet esprit de révolte répandu dans toutes les conditions, & qui ne tend qu'à rendre les Peuples aussi mauvais Sujets, que mauvais Catholiques, les enfans aussi mauvais fils que mauvais Chrétiens ! de là cette ardeur à ne vouloir rien croire, & à jetter un ridicule sur ce que la Religion nous offre de plus auguste & de plus sacré ; de là ce mépris universel à l'égard des Ministres de l'Eglise qu'on ne rougit pas d'apeller des imposteurs & des hommes dangereux ; de là enfin, ces conversations sacriléges où l'on se plaît à mettre en dérision la morale & les dogmes, à se mocquer des cérémonies les plus saintes, à faire les objections les plus absurdes & les plus téméraires, & à ébranler la foi des Domestiques

qui ne laiſſent échaper aucun mot, &
qui en profitent pour ſe livrer ſans ſcru-
pule à leurs paſſions effrénées, & quelquefois pour voler & pour égorger leurs
Maîtres.

L'impiété n'eſt donc plus un mal
ſecret concentré dans un coin du monde
mais elle eſt une contagion répandue
dans les Cours, dans les Villes & dans
les Campagnes : ceux qu'on apelle
Grands décélent leur irreligion par un
ton railleur, par un ſoûrire malin, & par
un air dédaigneux pour les bons Livres
& pour leurs Auteurs ; & ceux qu'on
nomme Philoſophes mettent dans la
claſſe des ſuperſtitions les vérités les
plus authentiques & les plus ſacrées.
On répand dans le Public que l'eſprit
eſt incompatible avec la piété ; ſoit
pour empêcher les perſonnes éclairées
de devenir pieuſes, ſoit pour avoir
droit d'aſſurer que les gens d'eſprit qui
ſont dévots, ne croient rien intérieurement ; & c'eſt ici la politique des
Incrédules, qui ne cherchant qu'à groſ-
ſir leur parti, tâchent de perſuader que
l'Egliſe n'eſt compoſée que d'Hypo-
crites & d'imbéciles.

Mais premiérement pour n'être point

ébranlé de ces scandales, il faut penser qu'ils ont été prédits, & que les Apôtres ont caractérisé ces tems-ci, & les Déistes de nos jours, de maniére à ne pouvoir les méconnoître. Qui voudra écrire leur histoire, n'a qu'à extraire ce que Saint Pierre, Saint Paul & Saint Jude en ont dit.

Secondement, il faut éviter autant qu'il est possible, tout commerce avec les incrédules, de maniére à se priver du monde entier s'il est nécessaire, plutôt que d'exposer sa foi; & c'est le parti que tout Chrétien sera bien-tôt obligé de prendre : car où sont aujourd'hui les Sociétés où l'on n'attaque pas la Religion & ses Ministres, & qui n'aient pas été gâtées par cette multitude de brochures impies qui se reproduisent de toutes parts, & qui toutes pitoyables qu'elles sont du côté des preuves, séduisent par le style & par les saillies. »Quiconque, dit S. Jean, ne demeure »point dans la doctrine de Jésus-»Christ, mais s'en éloigne, ne posséde »point Dieu, & si quelqu'un ne fait »pas profession de cette Doctrine, ne »le recevez pas dans votre maison,

>> crainte , ajoute cet Apôtre , de par-
>> ticiper à ſes œuvres perverſes.

Troiſiémement , il faut aprendre la Religion par principe , & l'étudier comme l'objet le plus intéreſſant , ſoit dans les ouvrages d'Abadie & de M. François ; ſoit dans les penſées de Paſchal , & dans le Catéchiſme de Montpellier. Bien-tôt on verra que tous ceux qui attaquent la Religion , ne connoiſſent ni ces Livres ni la Doctrine Chrétienne.

Quatriémement , il faut ſe garantir comme du plus grand des maux , de ces lectures empoiſonnées , où l'eſprit de menſonge & d'impiété ſe fait aper-cevoir à chaque page , ainſi que de cel-les , qui ſous une aparence de Religion , en défigurent les maximes. Il eſt preſ-qu'impoſſible qu'un Incrédule ne ſe décéle pas dans un ouvrage , quelque précaution qu'il prenne pour n'être pas reconnu ; un Lecteur éclairé entend à demi mot : combien d'Ecrivains qui paroiſſent tous les jours venger les droits du Chriſtianiſme , mais qui par leur affectation à dépriſer tout Auteur re-ligieux & ſes livres , & à ne faire voir que ſes endroits foibles , rendent avec

raison leur foi très-suspecte ? Il est aisé
de connoître si la bouche parle de l'a-
bondance du cœur.

Cinquiémement, il faut prier pour
n'être pas séduit, & demander à Dieu
la force de résister aux paroles de l'impie & de persévérer dans la foi. Les
Apôtres prioient Jesus-Christ d'augmenter leur foi ; & toute l'Eglise sollicite souvent cette même grace. Dieu
ne veut pas seulement le sacrifice de
notre cœur, il veut encore celui de
notre esprit, comme étant Créateur &
maître absolu de l'un & de l'autre.

Sixiémement, il faut rechercher la
conversation des personnes pieuses &
éclairées. C'est un trésor qu'un homme
vertueux, & sincérement attaché à la
doctrine de l'Eglise ; & Dieu permet
pour l'honneur de la Religion, que
malgré l'impiété qui mugit de toutes
parts, il se trouve dans chaque endroit
de véritables Chrétiens. Il n'y a guére
de Paroisses, guére de Couvents, où
l'on ne rencontre de véritables Justes,
qui par la croyance & par leurs mœurs,
rendent témoignage à l'Evangile.

Ce n'est qu'en suivant ces régles,
que vous pourrez conserver votre foi

dans toute son intégrité , autrement
vous vous trouverez dans le cas de celui qui aime le danger , & qui périt.
On ne peut rencontrer parmi les personnes qu'on fréquente , que des Supé-
rieurs , des égaux & des inférieurs ; &
la prudence chrétienne nous dicte la
maniére de nous comporter dans ces
différentes circonstances.

Si vous devez du respect à ceux qui
osent fronder la Religion en votre presence , vous n'avez pas d'autre moyen
que celui de les quitter sous prétexte
de quelqu'affaire , ou de leur faire voir
par un air sérieux & chagrin , que vous
ne prenez aucune part à leur conversation ; & si même la bienséance le permet , vous devez dire un mot qui soit
comme un témoignage en faveur de
votre foi , mais sans aigreur & sans
esprit de contradiction.

Lorsqu'au contraire vous entendez
vos égaux parler avec irrévérence des
dogmes de l'Eglise & de ses cérémonies,
si c'est à table , ou dans une autre cir-
constance , où vous ne pouvez sortir ;
vous devez employer votre esprit à
détourner adroitement la conversation,
soit en racontant quelqu'histoire inté-

reſſante qui tienne les eſprits en ſuſ-
pens ; ſoit en faiſant quelques queſtions qui aménent un autre entretien ;
ſoit enfin en déclarant tout ſimplement
qu'il y a ſans doute des abus & des
ſuperſtitions, mais qu'un bon eſprit ſait
les diſtinguer des grandes vérités & des
ſaintes pratiques de la Religion auxquelles vous avez le bonheur d'être
inviolablement attaché. Les gens du
monde, & même les plus libertins,
reſpectent la vraie piété ; & quand ils
ſavent qu'un de leurs amis eſt réellement pieux, ils finiſſent, après l'avoir
raillé pendant quelque tems, par l'eſ-
timer & par l'admirer, & ils lui épar-
gnent la douleur d'entendre leurs blaſphêmes : c'eſt ce que j'ai ſouvent re-
marqué parmi les Officiers, ou celui
qui ſoutenoit le caractére de vrai Chrétien étoit reſpecté. Mais il faut pour
cet effet, n'être ni frondeur, ni cagot,
& attendre avec patience les momens
de Dieu, qui veut quelquefois que
nous écoutions les impies mêmes,
pour les ramener inſenſiblement à la
Religion.

Quant aux inférieurs, il n'y a pas
de doute que les intérêts de Jeſus-Chriſt

éxigent qu'on leur ferme la bouche, & qu'on leur fasse sentir toute l'horreur de leurs écarts. La Religion, doit-on leur dire, est le seul titre qui puisse rendre un homme vraiment respectable, & digne de converser avec d'honnêtes gens, parce qu'avec elle on a des mœurs, de la probité, en un mot toutes les vertus, au lieu que sans elle on est dans le cas d'être toujours suspecté.

Je ne vous engage point dans toutes ces circonstances à disputer. L'expérience aprend que les disputes ne servent qu'à engendrer des injures & des divisions, qu'à exciter l'orgueil, qu'à faire naître des blasphêmes de la part des Impies, qu'à fortifier enfin les Incrédules dans leur parti; l'amour-propre n'aimant point à céder.

La Religion sans doute devroit faire le sujet principal de nos entretiens; mais comme on n'emploie presque plus aujourd'hui son nom qu'à la défigurer & à l'outrager, évitez d'en parler, si ce n'est avec ceux qui l'aiment, qui la connoissent ou qui desirent au moins la connoître. C'est livrer les choses saintes aux chiens, que de traiter cer-

taines queſtions devant les Incrédules.
Ils vous diront à la vérité , que ce
n'eſt que par maniére de converſation
qu'ils parlent religion ; mais l'acharne-
ment avec lequel ils critiquent & ils
raillent , déçé le bien-tôt leur impiété.
Cela n'empêche pas qu'on ne doive
ſupoſer de bonnes intentions , & même il convient de laiſſer croire à ceux
qui objectent & qui diſputent qu'on
les croit bien éloignés d'afficher l'irreligion. D'ailleurs on ſoupçonne quelquefois mal-à-propos la foi de certaines perſonnes , quoiqu'il ſoit aſſez facile de deviner le motif qui les fait
parler.

La patience & la douceur ſont les
armes les plus propres à vaincre les
hommes, & à triompher de leur obſti-
nation , & vous ne ſauriez trop les employer. Le zèle qu'on fait paroître n'eſt
ſouvent que l'effet du tempérament ,
de l'imagination ou de l'orgueil. On
croit diſputer par amour pour la Religion, & l'on ne diſpute que par amour
pour ſoi-même ; on ne plaide enfin que
ſa propre cauſe , en paroiſſant plaider
celle de Dieu ; & tel eſt le mobile de
tous les partis qui ont déchiré l'Egliſe

produit les héréfies, & caufé les plus grands malheurs.

Suportez donc vos Freres de quelque Religion qu'ils puiffent être, comme Dieu lui-même les fouffre. Penfez que les Incrédules contribuent à l'œuvre du Tout-Puiffant, & que le Ciel les réferve peut-être pour donner à l'Univers le fpectacle d'une célébre converfion, que fon bras n'eft point racourci, & que fa grace triomphe quand il le veut de toute réfiftance : Penfez enfin qu'ils peuvent être des élus & vous un réprouvé.

D'ailleurs il faut partager les Déiftes en deux claffes : celle des Impies, & celle des Inconvaincus. Les premiers ne méritent que de l'indignation, parce que toute impiété fupofe une ame rebelle & corrompue : mais les feconds doivent exciter de la compaffion. Perfonne n'ignore que la foi eft un don de Dieu, & que conféquemment loin d'infulter à celui qui ne l'a pas, on doit le plaindre & prier pour lui. Si l'on employoit la voie de la priére, plutôt que celle de la difpute, il y auroit moins de fcandales & plus de converfions. Ce n'eft ni en invectivant, ni en criant, qu'on perfuade la Religion. L'Evangile nous aprend qu'on n'entendit jamais Jefus-Chrift ni crier, ni difputer. Cependant il étoit environné de Saducéens qui nioient la réfurrection des corps.

Dites donc aux Incrédules que vous aurez occafion d'entendre, mais dites-leur du fond du cœur, que vous les aimez fincérement, & que vous n'êtes affligé de les voir ennemis de la Religion, que parce qu'ils encourent le plus grand des malheurs. Gémiffez de leurs écarts, pleurez fur leur aveuglement, mais en convenant des talens qu'ils peuvent avoir & en reconnoiffant les vertus morales que le Ciel leur a données. Il faut toujours être vrai. Employez la raifon à leur démontrer que l'homme eft né pour une Religion, & que la nôtre eft la feule raifonnable, conféquente, & qui ait tous les caractéres de la divinité : dites-leur que la vérité n'eft point une chimére, & que puifqu'elle éxifte, il n'y a point d'autre Société que l'Eglife qui puiffe fe vanter de la poffèder. Rendez-leur la piété aimable par la douceur de vos paroles & de vos mœurs, & forcez-les à conclure en vous entendant & en vous voyant, que l'homme le plus heureux eſt réellement le Chrétien qui ne craint que Dieu, & qui n'eſpére qu'en lui. Évitez ſur-tout de jamais leur dire la plus légere injure, ou de jamais leur reprocher la moindre perſonalité. Il n'y a qu'une exécrable méchanceté, & qu'un parti deſeſpéré, qui puiſſent en venir à de tels excès. On ne prouve pas la bonté d'une Religion qui n'eſt que charité, en marquant de l'averſion & du mépris.

Lorſqu'ils vous diront que les Evangéliſtes en ont impoſé, répétez-leur ce que nous avons dit dans tout le cours de cet Ouvrage; demandez leur des témoignages auſſi anciens que l'Evangile, qui prouvent ce fait, & comment ces Evangéliſtes eurent la hardieſſe de compoſer une fable dont les Juifs & les Romains auroient auſſi-tôt démontré la fauſſeté. Lorſqu'ils vous diront que les Myſtéres ne ſe conçoivent pas, demandez-leur s'ils ne croient pas éxiſter, quoiqu'ils ne comprennent, ni comment ils voient, ni comment ils entendent, ni comment ils penſent; s'ils ne croient pas les opérations des animaux, quoiqu'ils ne sçachent ni ce qui les anime, ni ce qui les détermine ; demandez-leur enfin s'ils n'admettent pas un Dieu éternel, immense, infini, quoiqu'ils ne comprennent ni son éternité, ni son immensité, ni son infinité. Souvenez-vous que tout ceci n'est que la récapitulation de ce que vous venez de lire.

Lorsqu'ils vous diront que le petit nombre des Elus les étonne, & que ce petit nombre, ainsi que les peines éternelles, ne peuvent se concilier avec la bonté de Dieu : demandez - leur comment les maux presens que nous endurons, maux qui affligent & désolent presque tous les hommes s'allient avec la miséricorde infinie, & pourquoi Dieu récompensant par un bonheur sans fin des bonnes œuvres d'un instant, ne pourra pas punir de suplices éternels nos mauvaises actions.

Lorsqu'ils vous diront qu'on peut se sauver indifféremment dans toutes les Religions : demandez-leur à quoi serviroient la venue & la mort de Jesus-Christ, si l'on pouvoit se sauver sans espérer en lui ; si Dieu qui a créé les hommes, n'a pas été le maître de leur

faire acheter le bonheur de le voir aux
conditions qu'il a voulu ; si étant infini
dans toutes ses perfections, il peut être
plus miséricordieux qu'il n'est juste ; si
enfin aux yeux même de la raison, il
peut être égal de vivre dans un culte
idolâtre qui ordonne des paricides &
des abominations , ou dans un culte
qui ne prêche que des vérités saintes
& sublimes , & qui ne prescrit que
des pratiques vraiment religieuses &
conformes à toutes les loix de l'humanité. Lorsqu'ils vous diront que Saint
Augustin & tous les Peres de l'Eglise
n'étoient ni Sçavans, ni Philosophes ;
demandez-leur une analyse de leurs ouvrages , & bien-tôt vous verrez qu'ils
n'en ont aucune idée, qu'ils n'en connoissent pas même le catologue ; &
qu'enfin le grand Augustin n'est petit
à leurs yeux , que parce qu'il se con-
vertit , & qu'ils ne tariroient point sur
son éloge , s'il eût malheureusement
persisté dans ses erreurs. Lorsqu'ils vous
diront enfin qu'on est insensé d'être
Chrétien ; demandez-leur s'ils ont jamais vu quelqu'un s'en repentir , & si
le moment de la mort, ce moment
qui dessille les yeux, n'est pas ordinai-
rement

rement l'inſtant de tous les regrets &
de tous les ſoupirs des Incrédules. Ils
ne vous écouteront pas ; mais n'im-
porte, vous aurez délivré votre ame,
en vous acquittant de ce que vous devez à la Religion.

Si cet eſprit d'incrédulité vous cauſe
quelque trouble & quelqu'étonnement, fermez les yeux aux ſcandales,
& réfléchiſſez ſur les ſecours que Dieu
envoie dans tous les tems à ſon Egliſe
affligée ; conſidérez que cette divine
Egliſe doit toujours être agitée & per-
ſécutée ; que ſi d'âge en âge elle eut
des nuages qui parurent obſcurcir ſon
éclat, elle n'en ſortit que plus lumi-
neuſe ; & que l'Apoſtaſie, prédite à la
fin des tems, & dont l'incrédulité preſente n'eſt que le prélude, n'altérera
ni la vérité des dogmes, ni les principes de la morale Chrétienne. Conſidérez que cette incrédulité, dont nous
ſommes les triſtes témoins entre dans
les deſſeins de Dieu, qu'elle ſert à
éxercer les Elus, & qu'elle eſt la punition de l'abus que nous faiſons depuis
ſi long-tems des miſéricordes du Tout-
Puiſſant, ſoit en voulant établir notre
propre juſtice à la maniére des Juifs,

foit en vivant à la façon des Payens :
confidérez que Dieu n'eft patient que
parce qu'il eft éternel, & que s'il ne
punit pas fur le champ les Profanateurs
de fon faint Nom, c'eft qu'ils ne peuvent échaper à fes vengeances.

Eh ! où eft vôtre foi, cette foi qui
doit vous élever au-deffus de tous les
événemens, de tous les tems, fi vous
vous laiffez ébranler par les difcours
de l'impie ? La vérité ne fut-elle pas
toujours expofée aux railleries & aux
contradictions ? Chaque jour nous conduit à ce terrible moment où les étoiles tomberont, où le dragon entraînera
avec fa queue les aftres mêmes, c'eft-
à-dire, où les efprits les plus brillans
s'égareront.

Ne voyez-vous pas de vos propres
yeux l'accompliffement de ce que l'E-
vangile a prophétifé. Vous voyez que
l'action de la Madeleine qui parfuma
les pieds de Jefus-Chrift, eft par-tout
annoncée, comme ce divin Sauveur l'a
prédit : vous voyez que dans tous les
pays on apelle Marie *bienheureufe*, ainfi
qu'elle le dit elle-même dans fon excellent Cantique ; vous voyez que Jé-
rufalem a été détruite de fond en com-

ble, & que Julien l'Apostat, qui voulut la faire rebâtir, n'en put venir à bout, au raport des Payens mêmes ; vous voyez que les Juifs sans Sacrifice & sans Pontife sont dispersés de toutes parts, qu'enfin l'œuvre de l'Antechrist se prépare ; que plusieurs de ses précurseurs sont déja venus, & que l'Eglise, malgré le laps des tems, & l'affoiblissement de la foi, prêche les mêmes vérités, qu'aux plus beaux jours du Christianisme.

F I N.

TABLE
DES CHAPITRES.

Fin de la Table.

APROBATION.

J'AI lu, par ordre de Monseigneur le Vice-Chancelier, un Manuscrit qui a pour titre : *Le Cri de la Vérité contre la séduction du Siécle ;* je crois qu'on peut en permettre l'impression A Paris le 25 Juin 1764.

DUPONT, Docteur de la Maison & Saciété de Sorbonne.]

Le Privilège se trouve à la Grandeur d'Ame

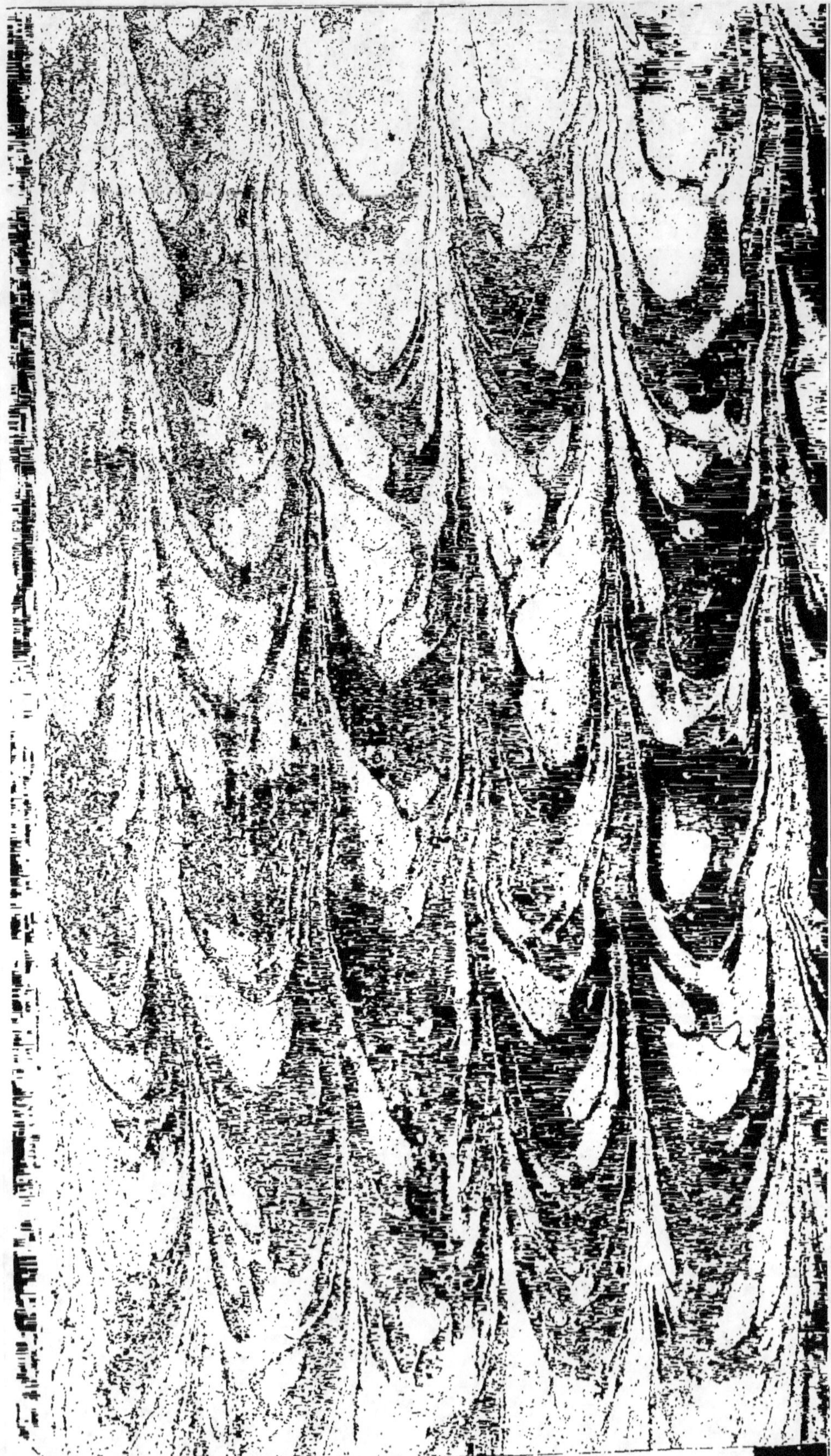